Weiterführend empfehlen wir in der gleichen Reihe:

Kurswechsel im Beruf
ISBN 3-89623-304-1

Schlüsselposition Führungskraft
ISBN 3-89623-311-4

Ihre erste Regierungserklärung als neuer Chef
ISBN 3-89623-310-6

Die Arbeitsfalle
ISBN 3-89623-305-X

Management-Wissen Führungskompetenz
ISBN 3-89623-271-1

Management-Wissen Sozialkompetenz
ISBN 3-89623-270-3

Wir freuen uns über Ihr Interesse an diesem Buch. Gerne stellen wir Ihnen zusätzliche Informationen zu diesem Programmsegment zur Verfügung. Bitte sprechen Sie uns an:

E-Mail: metropolitan@walhalla.de
http://www.metropolitan.de

Metropolitan Verlag, Haus an der Eisernen Brücke, 93042 Regensburg, Telefon: (09 41) 56 84 0, Telefax: (09 41) 56 84 111

Vera Bloemer

Interim Management: Top-Kräfte auf Zeit

Aufgaben
Auswahl
Kosten

Metropolitan Verlag

Bibliografische Information Der Deutschen Bibliothek
Die Deutsche Bibliothek verzeichnet diese Publikation in der
Deutschen Nationalbibliografie; detaillierte bibliografische
Daten sind im Internet über http://dnb.ddb.de abrufbar.

Zitiervorschlag:
Vera Bloemer, Interim Manager
Metropolitan Verlag, Berlin, Regensburg 2003

Umschlaggestaltung: Gruber + König, Augsburg
Druck und Bindung: Westermann Druck Zwickau GmbH
Printed in Germany
ISBN 3-89623-309-2 (Metropolitan Verlag)
ISBN 3-8029-0309-9 (Walhalla Fachverlag)

Schnellübersicht

Schnellübersicht

Abkürzungsverzeichnis

AÜG   Arbeitnehmerüberlassungsgesetz

BAG   Bundesarbeitsgericht

BMWi   Bundesministerium für Wirtschaft

CEO   Chief Executive Officer

EstG   Einkommensteuergesetz

GAAP   Generally Accepted Accounting Principle

IMA   Interim Management Association

IPO   Initial Public Offering (Börsengang)

MBI   Management-Buy-In

MBO   Management-Buy-Out

Verzeichnis der Abbildungen und Tabellen

www.metropolitan.de

Know-how-on-time

„Manager nach Maß" zu finden – der Traum eines Unternehmers, der bei einem Spezialproblem oder in einer Krisensituation einen guten Rat sucht: Er braucht einen Experten, den er in die Pflicht nehmen kann, der „den Karren aus dem Dreck zieht" und für eine begrenzte Zeit neue Impulse und Lösungsvorschläge von außen bringt. Hier ist der Interim Manager der richtige Ansprechpartner, dessen Haupterfolgsfaktor die Bereitstellung von „Know-how-on-time" ist. Er initiiert und implementiert als Externer im Unternehmen einen Veränderungsprozess.

Das Spektrum für seinen Einsatz reicht von der Überbrückung von Vakanzen, über Sondersituationen wie Sanierungsmanagement und Projektmanagement wie einer Betriebsausgliederung bis hin zu Coaching bei der Unternehmensnachfolgeregelung. Auf Grund seiner langjährigen vielseitigen Erfahrung ist der eingesetzte Interim Manager oft überqualifiziert für die Aufgabe, kann aber auf Grund dessen schnell und zielstrebig die notwendigen Erfolge herbeiführen. Er verfügt über spezielle Erfahrungen aus einer Branche oder einer Funktion und kann Branchenwissen oder spezifische Kenntnisse einfließen lassen. Er ist gewohnt, unter Druck schnelle Entscheidungen durchzusetzen und weiß mit Widerständen umzugehen. Sein Projektauftrag ist definiert, er kommt mit breitem Managementansatz und zielt auf eine Optimierung der Gesamtsituation in einem überschaubaren Zeitraum.

Durch Interim Management wird eine Problemlösung angeboten, falls in der Firma aus eigenen Reihen eine Position nicht zu besetzen ist. Interim Manager sind erfahrene Fach- und Führungskräfte, meist älter und mit langjähriger Linienerfahrung und Führungspraxis. Sie sind temporär in die interne Aufbau- und Ablauforganisation des bestimmten Unternehmens eingebunden. Auf Grund ihrer unabhängigen und neutralen Stellung verfolgen sie keine politischen Lösungen und lassen sich nicht durch falsche Rücksichtnahmen oder inoffizielle Hierarchien behindern. Sie tragen keine Last aus der Erfahrung in der Organisation und zeichnen sich durch klare Aufgabenorientierung, persönliche Integrität und direkte Ergebnisverantwortung aus. Ihr zeitlich begrenzter Einsatz dient zur Überbrückung von Engpässen insbesondere personeller und inhaltlicher Art, keine große Bürokratie oder Administration ist damit verbunden. Sie bieten die Kombination von Wissen und der praktischen Erfahrung in einer Person. Viele Unternehmen zeigen eine gewisse „Beratermüdigkeit": Hier bietet Interim Management eine implementierungsstarke Alternative.

Guter Rat ist teuer!? Und wenn man ihn sucht, dringend Hilfe benötigt, wo bekommt man schnell und unbürokratisch professionelle Unterstützung? Die eigenen Kapazitäten sind ausgeschöpft, die Schultern der High Potentials im Unternehmen vollgepackt; da heißt es neue Wege gehen und sich mit dem Thema Interim Management auseinander setzen, das halten kann, was es verspricht: einen passenden Manager für einen begrenzten Zeitraum zur Verfügung haben, eben einen „Manager nach Maß" für eine Interimslösung oder gegebenenfalls auch eine Langfristlösung.

Auf Grund der wirtschaftlichen Lage steigt der Bedarf an Interim Management: Zahlreiche Führungskräfte werden im Rahmen von Umstrukturierungen freigesetzt, so dass es ein wachsendes Angebot an weiblichen und männlichen potenziellen Interim Managern gibt, die ihrerseits den Status des selbstständigen Unternehmers bevorzugen. Für Unternehmen entsteht ein Bedarf an erfahrenen Change Managern die den Wandel im Unternehmen begleiten und implementieren sowie Turn-around Managern die eine Restrukturierung im Unternehmen initiieren und umsetzen; beide haben sich in Krisensituationen bewährt bzw. bewiesen. Restrukturierungsmaßnahmen führen zu schlanken Organisationen, so dass es weniger Fachleute im Unternehmen gibt, die bei Bedarf freie Kapazitäten haben oder in Spezialthemen erfahren sind. Der Interim Manager übernimmt parallel drei Rollen in einer Person:

- die des operativen Managers, der das Tagesgeschäft leitet,

- die des beratenden Managers, der die Situation analysiert und die zukünftige Richtung vorgibt,

- die des Change Managers, der in der Organisation den Wandel implementiert, begleitet und verankert.

Interim Management ist interessant für Entscheidungsträger und Unternehmer, die auf Grund der Geschäftslage ihre Belegschaft reduziert, aktiv Outsourcing der nicht zum Kerngeschäft gehörenden Funktionen betrieben haben und sich nun fragen, wie sie später zum richtigen Zeitpunkt an das benötigte Know-how für eine nur vorübergehend entstehende Problemstellung kommen, sowie für die von einer Restrukturierung betroffenen Manager, die ihr Wissen gezielt einbringen möchten, aber nicht mehr den klassischen Bewerbungsweg und den typischen Firmenalltag suchen. Für beide Gruppen ist Interim Management die ideale Lösung. Warum nicht Insourcing betreiben, sich schnell, gezielt, flexibel die speziell benötigten Ressourcen suchen und mit Management auf Zeit die akuten Fragen im Unternehmen lösen.

Während der Beratungsmarkt starke Einbrüche verzeichnet, ist die Dienstleistung Interim Management wachsend. Im Vergleich zu anderen europäischen Ländern zeigt Deutschland noch erheblichen Nachholbedarf. In Zeiten der Reduzierung von Führungskräften, des Abbaus von erfahrenen Managern, permanenter Senkung der „kritischen Altersgrenze" und systematischem Outsourcing vieler Bereiche einerseits wächst andererseits der Erfahrungs- und Know-how-Bedarf. Zudem gibt es Situationen in der Entwicklung eines Unternehmens (Internationalisierung, Restrukturierung etc.), in denen externes Wissen benötigt wird. Hier bietet der Einsatz von Interim Managern eine hervorragende Möglichkeit, für einen begrenzten Zeitraum das benötigte Know-how in das Unternehmen zu holen. Da der Interim Management-Markt sehr fragmentiert und wenig übersichtlich ist, fehlt es an Orientierungshilfen.

Vorwort

Wichtig ist es, zu klären, was Interim Management leisten kann, wie sich das Anforderungsprofil an einen Interim Manager definiert, wie ein geeigneter Kandidat zu finden ist, wie man ihn adäquat einsetzt und welche Dienstleistungen Interim Management-Vermittler anbieten.

Die aktuellen wirtschaftlichen Entwicklungen zeigen eine Trendwende weg von den smarten, dynamischen Jungmanagern wieder hin zu gestandenen Profis mit großem Erfahrungsschatz. Diese Rückkehr zu langjährigem Know-how hat beispielsweise den Einsatz eines Interim Managers mit Helmut Sihler 2002 bei der Telekom AG sehr populär gemacht. Auch bei anderen deutschen Konzernen zeichnet sich eine Trendwende ab und lenkt den Blickwinkel auf ein bewährtes, aber auch sehr innovatives Managementtool, das für Zuverlässigkeit, Professionalität und Erfahrung steht, nämlich Interim Management als Lösung für aktuelle Fragen und Herausforderungen für Unternehmen in einem konjunkturell schwierigen Umfeld.

Die Basis des vorliegenden Buches bilden persönliche Gespräche mit zahlreichen Interim Management-Vermittlern, ergänzt durch telefonische Interviews und schriftliche Befragungen von Interim Management-Vermittlern und Interim Management-Partnerschaften sowie einigen Interim Managern. Daneben wurden Interviews mit den niederländischen und englischen Vereinigungen geführt sowie Einschätzungen der jeweiligen Marktkenner eingeholt. Soweit vorhanden, wurden quantitative Untersuchungen über den englischen und den deutschen Markt berücksichtigt. Auf Grund der deutlichen Zurückhaltung der Interim Management-Vermittler, Statistiken und Bilanzen zu veröffentlichen, war es sehr schwierig, ein flächendeckendes Bild für den deutschen Markt zu erstellen. Deshalb muss die vorliegende Untersuchung als ein erster Versuch gesehen werden, für den deutschen Markt eine quantitative Basis für dieses Marktsegment aufzuzeigen.

Dr. Vera Bloemer

www.metropolitan.de

Interim Management als flexible Ressource

1

1. Was ist Interim Management?

Für zeitlich begrenzte Führungsaufgaben wie Krisenmanagement, Überbrückung von Vakanzen und zeitweiser Spartenleitung werden Interim Manager eingesetzt – sachorientiert, unabhängig, mobil –, die ein Unternehmen bei Fragen der Globalisierung, Restrukturierung und Krisenbewältigung unterstützen. Gerade in Zeiten ökonomischer Unsicherheit ist es sinnvoll, Interim Manager als erfahrene Spezialisten oder Generalisten mit langjähriger praktischer Branchenerfahrung und Bewährung in schwierigen Situationen in das Unternehmen zu holen. Als „Feuerwehrleute" sind diese „Mietmanager" gefragt, wenn Themen wie Umstrukturierung, Sanierung, Problembewältigung oder Schließung anstehen. Die Bandbreite der Manager-Typen ist groß: Von Brutalos, die so genannte „dirty jobs" erledigen, über ausgefuchste Experten bis hin zu sensiblen Allroundmanagern, die für das Unternehmen ein Glücksfall sind.

Die Definition von Interim Management beinhaltet folgende Aspekte:[1]

- Zeitliche Begrenzung;

- Integration einer von außen kommenden Persönlichkeit;

- Erfahrung als Führungskraft;

- Einsatz im Unternehmen;

- Beseitigung von Engpasssituationen;

- vollständige Einbindung in die Aufgaben- und Verantwortungshierarchie im Unternehmen;

- keine Weisungsgebundenheit bei der Vorgehensweise zur Lösung der Aufgabe;

- Weisungsbefugnisse gegenüber intern unterstellten Mitarbeitern.

www.metropolitan.de

In verschiedenen Phasen der Unternehmensentwicklung und bei zahlreichen Problemen und Aufgabenstellungen kann Interim Management die ideale Ergänzung für die Führungskräfte im Unternehmen darstellen, um externe Erfahrung einzubringen, Projekte durchzuführen und Funktionen zu stärken. Gerade auch hinsichtlich Unternehmensübergang, -nachfolge, -kauf oder -verkauf bietet Interim Management eine exzellente Unterstützung für die Geschäftsleitung.

2. Erfolgsfaktoren

Diese Bereitstellung von „Know-how-on-time" gilt als Haupterfolgsfaktor für das Interim Management. Dennis Russel[2] beschreibt in seinem gleichnamigen Buch Interim Management als die „menschliche Lösung für wirtschaftliche Probleme, es ist nicht die wirtschaftliche Lösung für menschliche Probleme". Gefragt sind Persönlichkeiten, die einen Veränderungsprozess initiieren, aber auch implementieren können.

Die Aufgabenstellung kann völlig verschieden sein – charakteristisch ist, dass Interim Manager eine Unternehmenskarriere vorzuweisen haben und nun ein Portfolio von Aktivitäten anbieten.

Dazu gehört die Übernahme eines zeitlich begrenzten Managementjobs für ein Unternehmen auf der Basis von Tagessätzen. Unabdingbar dafür sind eine klare Projekt- und Zieldefinition, eine Zielvorgabe, entsprechender Entscheidungsfreiraum und die Unterstützung des Interim Managers durch Auftraggeber und Mitarbeiter.

3. Abgrenzung zu vergleichbaren Berufsbildern

Der Begriff „interim" kommt aus dem Lateinischen und bedeutet „unterdessen, inzwischen" und bezeichnet eine zwischenzeitliche Regelung oder Übergangslösung. Interim Management oder Management auf Zeit ist klar zu unterscheiden von dem Begriff Zeitmanagement. Letzteres bezieht sich auf den Umgang mit der

Kriterien der Abgrenzung

	Unternehmer	angestellte Führungs- kraft	Interim Manager	Mitarbeiter Zeitarbeits- firma	Unterneh- mensberater
Art der Aufgabe	Unternehmens- leitung	Unternehmens- leitung	Management- aufgabe	Aufgaben aus- führender Art	reine Beratung
Vertragsbasis	Kapital- und Know-how- Einsatz	Arbeitsvertrag	Dienstvertrag	Arbeitnehmer- überlassungs- vertrag zwischen Verleiher und Entleiher	Dienstvertrag
Weisungs- befugnis und -gebundenheit	umfassende Befugnisse, in der Regel keine Gebundenheit	Befugnisse weit reichend, Gebundenheit vorhanden	Befugnisse ab- hängig von der Aufgabe, keine Gebundenheit	keine Befugnis, abhängig von Aufgabe Gebundenheit	keine
arbeitsrecht- liche Schutz- bestimmung	keine	Arbeitnehmer- schutzvor- schriften	keine	Arbeitnehmer- überlassungs- gesetz (AÜG), sämtliche arbeits- rechtlichen Schutz- bestimmungen	keine
Dauer der Unternehmens- zugehörigkeit	unbefristet	Dauerarbeits- vertrag	befristet	per Arbeitnehmer- überlassungs- gesetz (AÜG) befristet auf zwei Jahre	befristet
Vergütung	Gewinn, Rendite	monatliches Einkommen, unter Umständen Erfolgsbeteiligung	in der Regel Tagessatz und Spesen	Stundensatz plus Spesen	in der Regel Tagessatz und Spesen

Quelle: Vera Bloemer in Anlehnung an: Susanne Ribbert, Interim-Management durch externe Führungskräfte. Eine Analyse der Einsatzgebiete, Erfolgsdeterminanten und Gestaltungsmöglich- keiten. Bergisch Gladbach, Köln 1995, S. 21 ff.

eigenen Zeit, auf die Organisation des Tagesablaufs und die Bearbeitung und Priorisierung von zu erledigenden Aufgaben. Im Englischen werden neben dem Begriff Interim Management auch die Bezeichnungen Management auf Zeit, management ad interim, executive management, management for hire, just in time management, interregnum management, contracting, executive contracting, bridge management, temporary management oder locum management gebraucht. Gelegentlich wird differenziert zwischen Management auf Zeit als Oberbegriff und dem spezifischen Aufgabenbereich Interim Management, das den Fokus auf Veränderung, Change Management, Turn-around Management legt.

Bei der Abgrenzung und Unterscheidung des Interim Managers vom Unternehmer, von der angestellten Führungskraft, vom Mitarbeiter einer Zeitarbeitsfirma und vom Unternehmensberater bieten sich verschiedene Kriterien an. Dazu gehören die Art der Aufgabe, die vertragliche Basis, Befugnisse, Einsatzdauer und -honorierung.

Interim Manager

Der Interim Manager verfügt über spezifische Erfahrungen, sei es aus einer Branche oder in einer Funktion. Auf Grund seines Hintergrundes kann er Branchenwissen oder spezifische Kenntnisse einfließen lassen. Er ist gewohnt, unter Druck schnelle Entscheidungen durchzusetzen und weiß mit Widerständen umzugehen. Sein Projektauftrag ist definiert, aber er kommt mit einem breiten Managementansatz und zielt auf eine Optimierung der Gesamtsituation. Er zeigt eine starke Identifizierung mit dem Unternehmen, sein Erfolg ist seine beste Referenz. Eine wichtige Voraussetzung ist die Problemabgrenzung und die Klärung der Frage, ob es sich um eine Sondersituation, temporäre Fragestellung oder eine Daueraufgabe handelt.

Ein Kritikpunkt ist, dass Interim Manager die vorhandenen Defizite im Unternehmen nicht beheben, sondern den Status quo überbrücken, da sie auf kurzfristige Resultate Wert legen. Hier kommt es klar auf den Einsatz und das Briefing an, denn eigentlich sollen sie als Entwicklungshelfer agieren und in der Organisation Hilfe zur Selbsthilfe leisten.

Ihre Bezahlung erfolgt zu einem fest vereinbarten Tagessatz, abgerechnet werden nur die tatsächlich geleisteten Tage. Zum Unternehmen gehören sie für einen begrenzten Zeitraum, der bedarfsgerecht verlängert oder auf Teilzeitbasis umgestellt oder auch vorzeitig gekündigt werden kann. Sie arbeiten freiberuflich, sind selbstständig – auch wenn sie über Interim Management-Vermittlungen ihren Auftrag erhalten – und schließen mit dem Unternehmen einen Dienstvertrag.

Bei der Beschreibung des Einsatzes eines Interim Managers wird beispielsweise der Begriff des Lotsen verwendet: Kapitän und Mannschaft bleiben an Bord, der Lotse unterstützt mit seinem speziellen Wissen das Team und geht dann von Bord; die Meriten und Erfolge bleiben bei der Mannschaft.

Ein Unternehmensberater dagegen setzt sich *neben* den Schreibtisch und stellt Fragen, schaut über die Schulter, macht Vorschläge, trifft aber keine Entscheidung. Der Interim Manager dagegen setzt sich *an* den Schreibtisch, greift zum Telefon, agiert und trifft Entscheidungen, handelt und löst die vorhandenen Probleme effizient.

Unternehmensberater

Die Einsatzgebiete für Unternehmensberater sind weit gefächert und reichen von der Erstellung reiner Gutachten zu Marktanalysen, Organisationsentwicklung etc. Es geht immer um eine projektbezogene Aufgabe zwischen Mitarbeitern eines Unternehmens, Klienten und den Consultants. Diese sollten einen unabhängigen, objektiven Standpunkt einnehmen, um den Klienten bei der Lösung seiner Probleme zu unterstützen und das Erfolgspotenzial zu maximieren.

Unternehmensberater arbeiten meist im Team, dabei wird die Arbeit vor Ort eher von jüngeren Teammitgliedern geleistet. Theoretisch brillant, können sie jedoch nicht immer Branchenerfahrung und in den wenigsten Fällen Linienerfahrung vorweisen. Der Fokus der Beratungstätigkeit liegt auf Problembeschreibung und Konzepterstellung. Berater sind stark in der Analyse sowie der Konzeption von Veränderungen; sie liefern Argumente für Veränderungsnotwendigkeiten. Die Begleitung bei der Implementierung dieser Veränderungen ist eher selten, da sie entweder nicht im Bereich der Aktivitäten liegt oder die Unternehmen die damit verbundenen Kosten des Beratereinsatzes vermeiden wollen. Ihre Stärke liegt in der Optimierung von Einzelfragen, aber selten wird ein ganzheitlicher Ansatz für das Unternehmen verfolgt. Unternehmensberater sind meist konzeptstark, bieten Wissen und Empfehlung von neutraler Warte aus, werden jedoch nicht in die interne Aufbau- und Ablauforganisation eingebunden.

Das Beratungsunternehmen verfügt über fest angestellte Consultants, die in einem zeitlich abgegrenzten und inhaltlich definierten Projekteinsatz für den Kunden arbeiten. Auf Basis eines Projektvorschlags über Umfang, Inhalt, Dauer und Team wird das Angebot erstellt und vom Kunden in Erwägung gezogen. Das Projekt hat einen typischen Ablauf: Analyse der Ausgangssituation, Zusammenstellung von Umfeld- und Einflussfaktoren, Erstellung eines Lösungs- und Implementierungsvorschlags und nächste Schritte. Mit Unternehmensberatungen werden in der Regel Dienstverträge abgeschlossen, die Honorierung erfolgt auf Tages- bzw. Monatsbasis, eine erfolgsabhängige Bezahlung ist die große Ausnahme.

Beim Einsatz von Consultants ist der Betreuungsbedarf sehr hoch. Das Projekt muss intensiv begleitet werden, sowohl von Seiten des Auftraggebers im Rahmen eines meist als Leitungsausschuss bezeichneten Gremiums, als auch durch ein Kliententeam, das dem Consultant oder dem Unternehmensberaterteam zuarbeitet.

Hauptkritikpunkt an der Arbeit von Unternehmensberatern ist die Konzeptlastigkeit; die Erfahrung zeigt, dass nur ein Teil der Projekte implementiert und umgesetzt wird. Die wenigsten Studien werden in einem Umfang durchgeführt, in dem sich die analysierten und in Aussicht gestellten Potenziale auch in der Realität erfüllen.

Gerade bei kleineren und mittleren Unternehmen gibt es Vorbehalte beim Einsatz von Unternehmensberatern, da viele Consultants sehr akademisch und theoretisch geprägt sind und häufig wenig Praxiserfahrung vorzuweisen haben. Oft bestehen auch Hemmungen, wenn junge Akademiker die Arbeitsweise der gestandenen Praktiker im Rahmen der Analysen und Projekte in Frage stellen oder verändern wollen.

Mitarbeiter von Zeitarbeitsfirmen

Voraussetzung für ein Zeitarbeitsunternehmen ist eine Genehmigung nach dem Arbeitnehmerüberlassungsgesetz für die Vermittlung von Zeitarbeitskräften. Die auszuleihenden Arbeitnehmer sind bei der Zeitarbeitsfirma angestellt und werden an die Unternehmen weitervermittelt. Urlaub, Krankheit, Nebenkosten, alle diese Faktoren gehen zu Lasten der Zeitarbeitsfirma, sie trägt auch die Risiken bei Leerzeiten, wenn ein Mitarbeiter mangels Aufträgen nicht beim Kunden eingesetzt werden kann. Der Kunde bezahlt nur die tatsächlich gearbeiteten Stunden an die Zeitarbeitsfirma. Ihre Angebotspalette reicht von einfachen Aushilfen bis hin zu Sachbearbeitern in gehobeneren Positionen. In den Bereich Führungskräfte kommen diese jedoch auf Grund der Kostenstruktur im Allgemeinen nicht hinein, da die finanzielle Belastung durch die Gehälter bei Festanstellungen für das Unternehmen zu hoch wäre.

Fest angestellte Führungskräfte

Traditionell werden Mitarbeiter in einem Unternehmen fest eingestellt. Eine Stellenbeschreibung, soweit vorhanden, umreißt den Verantwortungsbereich und umfasst die hierarchische Einordnung mit Berichtslinien und, besonders für Führungskräfte, Zielvereinbarungen und Erfolgsvorgaben. Festanstellungen für Manager geht ein meist aufwendiger Suchprozess voraus, verbunden mit hohen Suchkosten, weil der Arbeitsvertrag eine in der Regel langfristig angelegte Bindung sowohl für das Unternehmen als auch für die Führungskraft bedeutet.

Eine Managementfunktion umfasst in der Regel die klassischen Aufgaben Planung, Organisation, Personaleinsatz, Führung und Kontrolle. Eine abschließende Definition für die Gruppe Führungskräfte ist schwer zu erstellen, denn das Spektrum reicht vom Handwerksmeister bis hin zum Unternehmer bzw. Vorstand.[3] In Unternehmen werden häufig obere, mittlere und untere Führungsebenen unterschieden entsprechend den strategischen, taktischen und mehr operativen Aufgaben. Dabei ist die Gruppe der leitenden Angestellten, meist mittleres Management, auch im Betriebsverfassungsgesetz mit den Kennzeichen Prokura, Personal- und Sachverantwortung, Höhe des Jahreseinkommens, Zugehörigkeit zu einer bestimmten Leitungsebene etc. beschrieben.

Während ein Interim Manager in wenigen Tagen zur Verfügung steht, wird erfahrungsgemäß ein längerer Zeitraum benötigt, bis ein Manager für eine permanente Position gefunden wurde und dieser seine Stelle auch antreten kann. Die Rekrutierungskosten über Personalberater betragen meist ein Drittel des Jahresbruttogehaltes, hinzu kommt das „Signing Package" (finanzielle Zusatzleistungen bei der Unterschrift eines Arbeitsvertrages), das im günstigsten Fall nur die Erstattung der Umzugskosten beinhaltet.

Fest angestellte Führungskräfte haben ein hohes Fixgehalt und ein Paket von Zusatzleistungen wie Pensionszahlungen und einen erfolgsabhängigen Bonusanteil. Die kurzfristige Verfügbarkeit des potenziellen neuen Mitarbeiters zögert sich oft auf Grund langer Kündigungsfristen hinaus. In einem festen, zeitlich unbegrenzten Anstellungsverhältnis wird sich ein angestellter Manager stark mit seiner Position und dem Unternehmen identifizieren, mittel- und langfristig agieren, um die Strategie zu prägen und nachhaltige Resultate zu erzielen.

Unternehmer

Der Unternehmer ist Eigenkapitalgeber, Risikoträger und Unternehmensleiter. Als zentrale Person steht der Unternehmer für Initiative, Motivation, Qualifikation, er prägt das Unternehmen, er strebt nach Autonomie und finanzieller Unabhängigkeit.

Auf Grund dieser Konstellation wird er versuchen, eigene betriebliche Ressourcen zu nutzen und wenig Offenheit zeigen für die Einbeziehung von externem Know-how, da er den Verlust seiner uneingeschränkten Kontrolle befürchtet. Damit kann er an eigene Grenzen stoßen: Überlastung, Überforderung, Fehleinschätzungen fordern ihren Tribut. Der Unternehmer selbst ist häufig der Engpass, da seine eigenen Kräfte schon allein unter zeitlichen Aspekten begrenzt sind und gerade bei schwierigen Situationen er den „bottleneck" darstellen kann, wenn es um Managemententscheidungen und -aufgaben geht.

Angesichts der Bedeutung seiner Person, aber auch seiner natürlichen Grenzen ist es nur klug, wenn ein Unternehmer gezielt das Know-how organisiert, das ihn entlastet und ermöglicht, sich auf seine Stärken zu konzentrieren.

www.metropolitan.de

Erfahrungen im internationalen Vergleich

2

1. Niederlande und Skandinavien

Als selbstständige Dienstleistung ist Interim Management in den Niederlanden und Großbritannien in den 1970-er Jahren entstanden. In Schweden bot bereits Mitte der 1960-er Jahre die Beratungsgesellschaft Sevenco diese Serviceleistung an, dann folgten in Dänemark 1970 die Firma Senior Service und 1974 in den Niederlanden Custom Management. Hier wurde – begünstigt durch eine Steuergesetzgebung, die eine Beschäftigung von zeitlich begrenzten Mitarbeitern erleichterte – Interim Management vermehrt eingesetzt.

Die Berufsvereinigung Raad voor Interim Management (RIM) unterscheidet fünf Kategorien von Interim Management:

- Krisenmanagement,

- Change Management,

- Projektmanagement,

- Expertenmanagement und

- Überbrückungsmanagement.

Schätzungen gehen davon aus, dass es in den Niederlanden etwa 40 000 Manager auf Zeit gibt, die freiberuflich für Interim Management-Aufgaben zur Verfügung stehen und jährlich etwa 6 000 bis 7 000 Mio. EUR Honorar ihren Kunden in Rechnung stellen.[4] Davon arbeitet ein Großteil im Projektmanagement und im Mangement auf Zeit, nur ein kleiner Kreis ist in einer Leitungsfunktion für die operative Implementierung struktureller und strategischer Änderungen verantwortlich. Deshalb wird zwischen regulären Managern, Management ad Interim und Interim Managern unterschieden, Letztere sind langjährig erfahrene Krisenmanager, etwa 5 000 Personen, die ca. 1 300 Mio. EUR Umsatz jährlich machen.

In den Niederlanden ging Interim Management aus dem Bereich Krisenmanagement hervor, hier ist dieser Markt gut etabliert, viele Aufträge kommen auch aus dem öffentlichen Bereich. Die stärkere Verbreitung dieser Dienstleistung hat etwas mit den niederländischen Gehaltsstrukturen zu tun. So wurden lange Jahre die Gehälter im kaufmännischen Bereich auch in Boomzeiten relativ niedrig und konstant gehalten, so dass es wenig attraktiv war, als Angestellter solch eine Position anzunehmen. Die Unternehmen waren nicht bereit, das Lohnniveau zu ändern, konnten aber die Stellen nur mit freien Mitarbeitern besetzen, denen sie dann eine sehr viel höhere Entlohnung boten. Dadurch waren entsprechende Positionen nur mit qualifizierten Interim Managern zu besetzen.

Im Jahre 2000 gründete sich in Holland ORM (Nederlandse Orde van Register Managers), eine Organisation für Interim Manager in Nijkerk (www.registermanager.nl). ORM[5] hat sich zur Aufgabe gemacht, den Berufsstand für die als Interim Manager tätigen Professionals zu entwickeln und die gemeinsamen Interessen der derzeit 275 Mitglieder gegenüber der Regierung zu vertreten.

Parallel gibt es RIM (Raad voor Interim Management, www.rim.nl), in dem sich Firmen zusammengeschlossen haben, die Unternehmen und Interim Manager gegenseitig vermitteln. RIM setzt sich mit seinen 18 Mitgliedsunternehmen für die Professionalisierung der Branche ein. Die Mitglieder erkennen ein Vertragswerk an, das sich auf Qualität, Geheimhaltung, Honorierung, Kooperation mit Kollegen, Vertragsgestaltung und Zusammenarbeit mit Klienten bezieht.

Um einen Qualitätsstandard zu setzen, verordneten sich die Mitglieder einen code of conduct, dessen Einhaltung von einem separaten Komittee überwacht wird (www.imregister.nl).[6] Diese Regeln erkennen sowohl die assoziierten Interim Manager als auch die Interim Management-Vermittler an. Das Register wurde 1997 in Utrecht von RIM eingesetzt und hat mittlerweile 500 Mitglieder.

An verschiedenen Universitäten wie der Antwerp Management School in Belgien, der Nyenrode Universität und der Rotterdam School of Management in den Niederlanden kann man Kurse zum Thema Interim Management belegen.

2. Großbritannien

In Großbritannien entstand die Frage nach Interim Managern vermehrt während der Ölkrise in den 1970-er Jahren. Auf Grund der hohen Preissteigerungen sahen sich die Unternehmen gezwungen, Kosten einzusparen und auch im Personalbereich (oft seit langem fällige) Reduzierungen vorzunehmen. Das Resultat waren „lean structures" mit dem Effekt, dass durch die Rationalisierungen plötzlich Lücken entstanden, die von außen schnell geschlossen werden mussten. Der Personalabbau hatte aber auch ein Angebot an erfahrenen Wissensträgern zur Folge, deren Know-how nun zur Verfügung stand. Die schwierige Beschäftigungssituation auf dem britischen Markt der späten 1980-er und frühen 1990-er Jahre verbesserte sich in den letzten Jahren. Der Markt hat sich geöffnet und setzt auf Flexibilität und persönliche Fähigkeiten der Führungskräfte. Eine Untersuchung des Institute of Employment Research at Warwick University, geht von einer Veränderung des britischen Arbeitsmarktes aus. Bis 2010 wird das Arbeitsangebot zu einem Drittel aus Teilzeitarbeitsplätzen bestehen, noch im Jahre 1980 waren es weniger als ein Fünftel. Daraus wird eine weiterhin steigende Tendenz für Interim Manager abgeleitet und zukünftig permanente in temporäre Arbeitsplätze umgewandelt werden. Dem Sambrook Report nach sind heute bereits 20 Prozent aller Manager in Großbritannien auf Zeit eingesetzt.

Der englische Markt wächst ständig und wurde im Jahr 2002 vom Vorsitzenden Ian Daniell der Interim Management Association London auf 800 Mio. EUR geschätzt.[7] Diesen Honorarumsatz für das Jahr 2001 und ein jährliches Wachstum von zehn Prozent bezeu-

gen auch die Recherchen der Firma Russam GMS Ltd. Das Marktwachstum ist beträchtlich: Im Jahr 1996 hatte ATIES, der Zusammenschluss englischer Interim Manager und Vorläufer der Interim
Management Association, den Markt noch mit 315 Mio. EUR be-
ziffert. Von Experten wie auch von befragten Interim Managern
wird aber ein stetiger, teilweise sogar rapider Anstieg der Nachfrage erwartet. Positive Faktoren, die das Marktwachstum beeinflussen, sind die steigende Professionalität der Interim Manager
und ihre Empfehlungen und Referenzen. Dabei wird in den nächsten Jahren keine Marktsättigung erwartet.

Auf der Basis von regelmäßigen Erhebungen der Firma Russam
GMS Ltd. lassen sich interessante Aussagen über die Struktur des
Interim Management-Marktes treffen. Es gibt in Großbritannien
etwa 25 bis 40 seriöse große Vermittler, die durchschnittlich etwa
sechs Mio. EUR Honorarumsatz jährlich machen. Dabei ist die Liste
derjenigen, die Interim Management anbieten, mit 120 Vermittlern relativ lang; nach Angaben der Interim Management Association betreiben jedoch nur 30 von ihnen das Geschäft nachhaltig.

Ausgehend von dem Durchschnittsumsatz der großen Anbieter
summiert sich der Anteil des Geschäftes auf etwa 190 Mio. EUR.
Ca. 20 Prozent des gesamten Interim Management-Geschäfts ge-
hen über Vermittler, die meisten Aufträge werden zwischen Interim
Managern und den Unternehmen direkt abgeschlossen. Bei Umfra-
gen hatten durchschnittlich etwa 50 Prozent der befragten Interim
Manager einen Auftrag.[8] Davon gaben 53 Prozent an, auf eigene
Initiative das Projekt gefunden zu haben, 40 Prozent bekamen den
Auftrag über einen Vermittler, der Rest nannte sonstige Quellen.

Die Dienstleistung der Vermittler ist von 16 Prozent im Jahr 1989
auf 21 Prozent im Jahr 2002 deutlich gestiegen. Die einzelnen Interim Manager arbeiten bzw. fakturieren durchschnittlich 156 Tage pro Jahr, die restliche Zeit teilt sich auf in Akquise, Fortbildung
sowie andere Aktivitäten. 38 Prozent haben einen Auftrag auf Teilzeitbasis, der weniger als fünf Arbeitstage pro Woche umfasst.

Erfahrungen im internationalen Vergleich

Die durchschnittliche Dauer eines Auftrags beträgt etwa 120 Tage oder fünfeinhalb Monate, diese Auslastung haben etwa 20 Prozent der britischen Interim Manager. Die Untersuchung im Rahmen des Sambrook Reports ergab für das Jahr 2001, dass 13 Prozent der Interim Manager 51 bis 100 Tage im Einsatz sind, 36 Prozent zwischen 151 und 200 Tage abrechnen. Mit einer höheren Auslastung von mehr als 200 honorierten Tagen konnten immerhin 31 Prozent der befragten britischen Interim Manager aufwarten.

Bei den Einsatzgebieten in Großbritannien sind fast alle Funktionen vertreten. 17 Prozent der von Russam GMS im Jahr 2002 befragten Interim Manager waren im General Management eingesetzt, 22 Prozent entfielen auf die Finanzfunktion, dann folgten Marketing und Vertrieb mit 13 Prozent, IT war für zwölf Prozent der Einsatzbereich, auf Personalwesen und sonstige Funktionen kamen jeweils zehn Prozent. Im Bereich Produktion/Ingenieurwesen und Einkauf/Logistik waren je acht Prozent der britischen Interim Manager tätig.

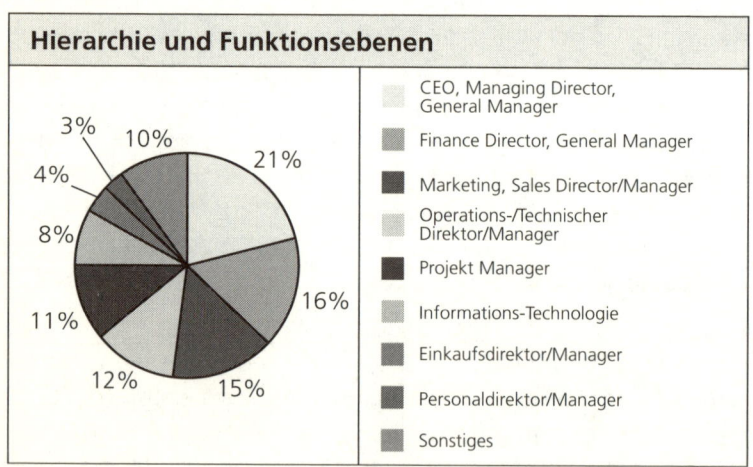

Hierarchie und Funktionsebenen

3% · 10% · 21% · 4% · 8% · 16% · 11% · 12% · 15%

- CEO, Managing Director, General Manager
- Finance Director, General Manager
- Marketing, Sales Director/Manager
- Operations-/Technischer Direktor/Manager
- Projekt Manager
- Informations-Technologie
- Einkaufsdirektor/Manager
- Personaldirektor/Manager
- Sonstiges

Quelle: Vera Bloemer nach Angaben von The 2001 Sambrook Report on the UK Interim Management Market, im Auftrag von Executives Online, London 2001, S. 8.

Das Durchschnittsalter der britischen Interim Manager liegt bei 50 Jahren, sank aber interessanterweise in der letzten Zeit: Manager, die jünger als 45 Jahre sind, haben deutlich mehr Einsätze und erzielen die höchsten Tagessätze in der Altersgruppe 36 bis 50 Jahre. Russam GMS schätzt in seiner Studie, dass es etwa 10 000 Interim Manager in Großbritannien gibt, von denen die Hälfte bei Vermittlern eingeschrieben ist.[9] Da aber keine Registrierung oder statistische Erfassung vorgenommen wird, ist dies eine Annahme.

Erfahrungsgemäß gilt Interim Management als saisonales Geschäft. Es beginnt im Januar langsam nach einer Flaute zwischen den Jahren, steigt im April, Mai, Juni und fällt in der Sommerzeit. Ein zweiter Höhepunkt erfolgt im Oktober bis Anfang November, bevor es wieder bis zum Jahresende ruhiger wird.

Interim Manager werden in unterschiedliche Unternehmensgrößen und -arten vermittelt. Die Einsätze finden in allen Branchen und Sektoren statt.

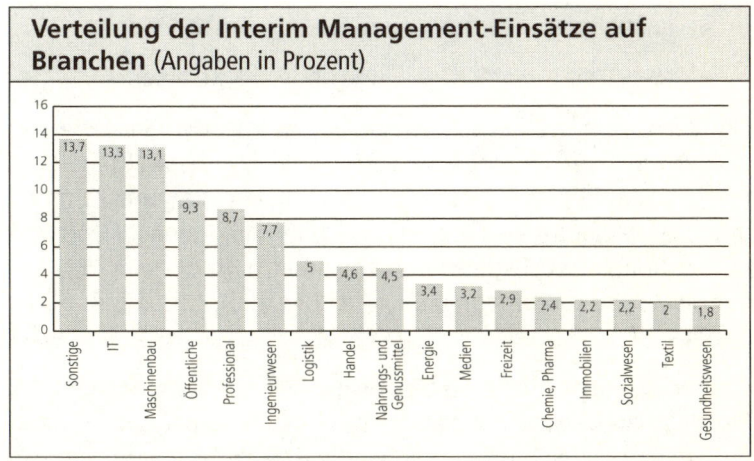

Verteilung der Interim Management-Einsätze auf Branchen (Angaben in Prozent)

Quelle: Vera Bloemer nach Angaben von The 2001 Sambrook Report on the UK Interim Management Market, im Auftrag von Executives Online, London 2001.

Erfahrungen im internationalen Vergleich

Der durchschnittliche Verdienst liegt bei 92 000 EUR, wobei die führenden 15 Prozent der Interim Manager auf 150 000 EUR jährlich kommen. Die üblichen Tagessätze sind deutlich von 456 EUR im Jahr 1990 auf 560 EUR im Jahr 1996 bis auf 772 EUR im Juni 2002 gestiegen.[10] Im Bereich Informationstechnologie und General Management werden die höchsten, im Produktionsbereich und im Einkauf die niedrigsten Tagessätze gezahlt.

Britische Interim Manager gaben bei einer Befragung der Firma Impact 2001/2002[11] folgende Gründe an, warum sie in diesem Segment tätig sind – die meist genannten Antworten werden zuerst zitiert:

- Verschiedene Aufträge, Angebot eines interessanten Karriere-Portfolios;

- Möglichkeit, mehr Einfluss auf die eigene Karriere- und Wissensentwicklung zu nehmen;

- größere Flexibilität im Arbeitsleben;

- höhere Motivation, um vereinbarte Ergebnisse zu erzielen;

- unabhängiger Status innerhalb einer Organisation;

- mehr Zeit für die Entwicklung anderer Interessen.

Nur 20 Prozent der Einsätze von britischen Interim Managern werden durch Vermittler getätigt, der Hauptanteil der Aufträge geht über Unternehmensberatungen, allgemeine Personalvermittler und direkte Kontakte. Auch wenn sich Interim Manager und Vermittler höhere Wachstumsraten errechnet hatten – diese Dienstleistung ist bei Unternehmen auch in England noch immer relativ unbekannt.

Umfragen unterstreichen die Zufriedenheit der Unternehmen, 88 Prozent waren sehr zufrieden mit den Interim Managern, die sie in der Vergangenheit engagiert haben, und 92 Prozent würden in Zukunft wieder Interim Manager engagieren. Klare Vorteile beim Ein-

30

satz von Interim Managern sehen die befragten englischen Firmen im speziellen Know-how, in den spezifischen Erfahrungen, in der Qualifizierung ihrer Mitarbeiter sowie in deren Fähigkeit, schnellen und vorzeigbaren Output zu generieren. Während 77 Prozent der befragten Unternehmen die Vorteile betonen, überwiegen beim Rest die nachteiligen Aspekte. Dazu gehören Kosten, Demotivation der vorhandenen Mitarbeiter, Probleme des Interim Managers mit der Unternehmenskultur oder unzureichendes Engagement.

Auch in Großbritannien wird diese Form des Managements durch den geringen Grad ihrer Bekanntheit, durch unzureichendes Bewusstsein über die Vorteile und über den tatsächlichen eigenen Bedarf an Unterstützung behindert.[12] Der Anteil der Firmen, für die Interim Management ein Begriff war, stieg aber von zehn Prozent in zwei Jahren (2002) auf 61 Prozent. Bei einer Befragung der führenden 500 britischen Unternehmen gab etwa die Hälfte an, bisher noch keinen Interim Manager eingesetzt zu haben. Boyden International ermittelte bei einer Kundenbefragung, dass 75 Prozent der Befragten Interim Management kannten. 40 Prozent der Befragten ordneten die passende Definition zu: den Einsatz von erfahrenen, hochrangigen Managern, teils auf Geschäftsführungsebene, die als Alternative zu Consultants eingestellt werden, um für eine bestimmte Zeit Verbesserungen im Unternehmen zu implementieren.

Um den Markt stärker zu entwickeln und den Qualitätsstandard zu heben, entstand 1989 die Interim Management Association, London (IMA, www.interimmanagement.uk.com), für die professionellen Belange ihrer Mitglieder und Mitgliedsunternehmen. Die Vereinigung wurde von sechs Anbietern gegründet, mittlerweile gehören ihr die 28 großen britischen Interim Management-Vermittler an. Ziel ist die Entwicklung und Verbreitung eines „Code of Practice", die Etablierung professioneller und ethischer Standards sowie die Vermittlung assoziierter Manager, entstanden aus der Erkenntnis, dass Qualitätsstandards das Ansehen sowohl der Interim Management-

Vermittler als auch der Interim Manager erhöhen. Neben der Öffentlichkeitsarbeit verfolgt man das Ziel, Unternehmen aufzuklären und zu verdeutlichen, wie Interim Management eingesetzt werden kann und welche Vorteile damit verbunden sind. Mit der Überzeugung, dass Interim Management in den nächsten Jahren und Jahrzehnten die führende Management Ressource sein wird, setzt sich die Interim Management Association dafür ein, die Branche in Öffentlichkeit und Politik zu vertreten, englische und europäische Arbeitsmarktfragen zu klären, und kämpft für die Verbreitung und Wertschätzung dieses strategischen Potenzials.

In den letzten Jahren wurde durch die Aktivitäten der Vereinigung das Angebot an Vermittlern und Interim Managern stark professionalisiert. Im Juni 2001 gründete das UK Institute of Management eine spezielle Organisation für Manager auf Zeit (IIM – The Institute of Interim Management, London, www.ioim.org.uk), um den Status und das Netzwerk der Interim Manager zu verbessern. Interim Manager sollen nicht mehr als Lückenbüßer oder Zeitarbeiter betrachtet werden, sondern vielmehr als erfahrene Spezialisten. Das Institut bietet interessierten Managern Informationen, wie man sich als Interim Manager in Großbritannien selbstständig macht, seine Dienstleistungen vermarktet, und welche steuerlichen Regeln zu beachten sind. Ziel ist es, professionelle Standards zu etablieren („Code of Practice") sowie Trainingsmaßnahmen, Seminare und Konferenzen auszurichten.[13] Daneben werden Publikationen und Informationen, Beratungen und Netzwerkmöglichkeiten für Interim Manager angeboten. Die Maßnahmen zielen auf die Akkreditierung eines professionellen Berufsbildes ab. Im Rahmen eines persönlichen Programms bietet das Institut Interim Managern eine laufende professionelle Weiterentwicklung und Kurse an, um die Bereiche persönliche Fähigkeiten in Verkauf, Marketing und Management zu verbessern. Durch die Mitgliedschaft (derzeit 200 Interim Manager)[14] wird auch Kunden gegenüber ein professioneller Standard kommuniziert und der Status des Interim Managers etabliert.

3. USA

Während im Jahr 2001 in den USA die Personal- und Unternehmensberatungen auf Grund der Rezession bis zu 30 Prozent Umsatzeinbrüche zu verzeichnen hatten, kann sich die Interim Management-Branche über verbesserte Aussichten freuen: Im Interim-Segment wurde ein Umsatzanstieg von bis zu 20 Prozent verzeichnet. In Zeiten, in denen die Unternehmen zögern, fest angestellte Führungskräfte mit langfristigen Verträgen zu engagieren, werden Interim Manager sehr viel attraktiver. Unternehmer und Unternehmen versuchen, Entscheidungen hinauszuzögern, um möglichst keinen Fehler zu machen und bei Einstellungen langfristige, teure Verträge zu vermeiden. Denn nach wie vor ist es selbst in anglo-amerikanischen Ländern kostspielig – trotz der „hire and fire"-Mentalität – Führungskräfte zu rekrutieren oder wieder freizusetzen.

Mit dem Einbruch in der amerikanischen Telekommunikations- und Internet-Dotcom-Industrie ergaben sich zahlreiche Aufträge für Interim Manager; dieser Boom hat jedoch nachgelassen. Aber auf Grund der Rezession in anderen Industriezweigen sind neue Möglichkeiten entstanden. Insgesamt ist Interim Management in den USA nicht so stark verbreitet wie in den Niederlanden oder Großbritannien. Zum einen sind insgesamt die Arbeitsmärkte viel flexibler, zum anderen spielen erfolgsabhängige Zahlungen im Management eine wichtige Rolle, so dass Interim Management weniger bekannt und attraktiv ist.

4. Deutschland

Zwar entstanden in Deutschland bereits in den 1980-er Jahren Firmen (AC Alpha Management GmbH in Wiesbaden), die Interim Manager vermittelten, doch der große Schub kam mit der Wiedervereinigung 1990. Im Rahmen der Treuhandanstalt gab es etwa 8 000 Unternehmen, deren Entflechtung und Reprivatisierung erfolgen musste, davon zahlreiche große Staatskombinate und volkseigene Betriebe mit etwa 2,9 Millionen Mitarbeitern. Aus der Erkenntnis heraus, dass es nicht Aufgabe des Staates ist, unternehmerisch tätig zu sein und private Initiative ebenso gut diese Belange erfüllen kann, wurde die Beteiligungspolitik des Bundes überarbeitet. Auf dieser Basis bemühte sich die Treuhandanstalt um eine möglichst schnelle Privatisierung der Beteiligungen an den ehemals volkseigenen Betrieben der DDR. Auf Grund der politischen und wirtschaftlichen Veränderungen fehlte das entsprechende Management-Know-how in den Firmen, um diese weiterzuführen und auf die Privatisierung vorzubereiten. Die Treuhandanstalt setzte zahlreiche Interim Manager ein, die bei der Erstellung der Unternehmenskonzepte, der Begleitung der Privatisierungsverhandlungen und auch bei der Abwicklung der Managementaufgaben in den Unternehmen vor Ort mitwirkten. Im Vordergrund stand die schnelle Privatisierung, die entschlossene Sanierung oder gegebenenfalls die behutsame Stilllegung. Für die Interim Manager galt es, im Tagesgeschäft vorrangig marktwirtschaftliches Know-how einzubringen und die Produktionsprozesse, Mitarbeitermotivation, Finanzierung, Kundenbetreuung, Marktbearbeitung zukunftstragend auszurichten sowie neue Methoden der Führung und Rechnungslegung zu implementieren.

Marktkenner sehen in Deutschland ein Potenzial von 10 000 – 15 000 hoch qualifizierten Interim Managern; davon ist, wie in den Niederlanden und in Großbritannien, nur ein Teil aktiv im Einsatz. Waren es laut dem Kölner Institut der Wirtschaft 1996 noch 7 500, hat sich gegenwärtig die Anzahl deutlich erhöht. Da Interim Manager keine geschützte Berufsbezeichnung ist und es keinen Verband oder Vereinigung gibt, handelt es sich bei allen Angaben nur um Schätzungen.

Haupteinsatzgebiet sind mittelständische Unternehmen mit etwa 150 – 500 Mio. EUR Umsatz, jedoch nutzen auch Großkonzerne diese Dienstleistung. Experten halten jährliche Wachstumsraten von 30 Prozent für realistisch, der Bund der Unternehmensberater ist vorsichtiger und spricht von einem Marktwachstum von mehr als zehn Prozent.[15] Dabei werden nur 10 – 20 Prozent der Engagements über Management-Pools vermittelt, die Mehrzahl der Interim Manager sucht direkt ein auftraggebendes Unternehmen.

Marktpotenzial für Interim Management

Schätzungen für 2001	Deutschland			Niederlande			Großbritannien		
	Umsatz in Mio. EUR	Interim Projekte	Interim Manager Potenzial	Umsatz in Mio. EUR	Interim Projekte	Interim Manager Potenzial	Umsatz in Mio. EUR	Interim Projekte	Interim Manager Potenzial
Vermittler	100	750					190		
Markt hochgerechnet	500-700	3 700-5 300	10 000	6 300-7 300		40 000	800		10 000

Quellen: Deutschland: eigene Untersuchungen, vgl. auch Kapitel 8; Niederlande: Jacques Reijniers, Interview; Großbritannien: Ian Daniell, Interim Management Association, Interview.

Im Allgemeinen wird der deutsche Markt auf etwa 80 Mio. EUR Beratungshonorar jährlich geschätzt. Eine Umfrage bei den Interim Management-Vermittlungen für dieses Buch ergibt – bei aller Vorsicht, da es sich teilweise um Schätzungen handelt – für Deutschland ein bedeutend größeres Marktvolumen als bisher angenommen. Allein die Interim Management-Vermittlungen (Basis: 35 Unternehmen) haben im Jahr 2001 einen Umsatz von ca. 100 Mio. EUR gemacht und 700 Interim Manager für Projekte vermittelt. In der Annahme, dass diese nur einen kleineren Teil des Marktvolumens von ca. 15 bis 20 Prozent abdecken, beträgt der Umsatz auf dem gesamten deutschen Markt etwa 500 – 700 Mio. EUR Honorarvolumen. Für Großbritannien, wo man von einem Marktanteil der Vermittler von etwa 20 Prozent ausgeht, ermittelte der GMS Report das Umsatzvolumen und dies zeigt, dass Deutschland hier noch einen signifikanten Nachholbedarf gegenüber dem europäischen Ausland hat. Zwar ist im Vergleich zum Markt für klassische Unternehmensberatung von 7,1 Mrd. EUR im Jahr 2001 (exklusive der IT- und Personalberatungen mit ca. 5,6 Mrd. EUR; die geschätzten Zahlen für 2003 lassen ein größeres Marktwachstum vermuten) und der Personalberatungen der Bereich Interim Management noch längst nicht an der Mrd.-EUR-Grenze, aber mit etwa 700 Mio. EUR ein nicht zu unterschätzendes Segment mit positiven Wachstumsraten.

Nach dem Boom der Wiedervereinigung flachte die Nachfrage nach Interim Managern Mitte der 1990-er Jahre wieder ab. Einen Aufbruch erlebte der Markt Ende des Jahrzehnts; so verzeichneten einige Anbieter 1999/2000 ebenso wie im darauf folgenden Jahr Wachstumsraten von 25 bis 35 Prozent. In diesen Boomzeiten kam es zu einer Personalknappheit sowohl auf dem Markt für fest ange-stellte als auch für Interim Manager. Mit dem Zusammenbruch der New Economy und der wirtschaftlichen Trendwende folgten Um-strukturierungen und Freisetzungen, so dass seit dem Jahr 2001 ein klares Überangebot an Interim Managern zu verzeichnen ist.

Das Jahr 2001 war durch die Ereignisse des 11. September in New York geprägt, in den darauf folgenden Monaten kam es auch in Deutschland zu signifikanten Umsatzeinbrüchen bei den Interim Management-Vermittlern. Die Unternehmen waren nicht bereit, Entscheidungen zu treffen, schauten wie paralysiert auf die Kosten-blöcke, so dass es im ersten Halbjahr 2002 zu Rückgängen beim Einsatz von Interim Managern kam. Die Situation änderte sich in der zweiten Jahreshälfte: Viele Entscheidungen duldeten keinen Aufschub mehr, und für die Unternehmen zeigte sich Interim Ma-nagement als probates Mittel, um angestautem Bedarf alternativ zu begegnen. Motto: Wenn schon Investitions- und Handlungsdruck Überhand nehmen, dann lieber flexible Ressourcen einsetzen. So konnten die Interim Management-Vermittlungen wieder von ver-mehrter Nachfrage berichten und das gesamte Jahr 2002 mit ei-nem Umsatzwachstum von teilweise 15 bis 30 Prozent im Vergleich zum Vorjahr abschließen, einzelne Vermittler sahen sich aber auch mit Umsatzeinbußen von bis zu 50 Prozent konfrontiert. War man noch vor kurzem von Steigerungsraten des deutschen Interim Ma-nagement-Marktes von 20 bis 30 Prozent ausgegangen, so gestal-ten sich im Jahr 2003 die Erwartungen konservativer, und jährliche Wachstumsraten von eher zehn Prozent scheinen realistisch.

www.metropolitan.de

Interim Management – eine zukunftsweisende Chance für Unternehmen

3

1. Flexibilisierung der Arbeitswelt und Kostenreduzierung im Unternehmen – Vorteil Interim Management

Zukunftsforscher wie Professor Peter Wippermann vom Trendbüro in Hamburg erwarten eine Flexibilisierung der Arbeitswelt und rechnen damit, dass im Jahr 2020 60 Prozent aller Arbeitsverhältnisse in Deutschland frei und flexibel sein werden. Das wird sich durch alle Funktionsstufen und Hierarchien ziehen. Diese Entwicklung passt auch zu dem Konzept der „Ich-AG", sich selbst als „eigenes Unternehmen" zu managen – der Mensch ist nicht mehr lebenslanger Arbeitnehmer, sondern wird Lebensunternehmer.

Hinzu kommen die immer schnelleren Verfallszeiten des Fachwissens, so dass neue Erkenntnisse durch Weiterbildung unbedingt notwendig sind. Auf Grund dieser Trends werden sich Unternehmen gezwungen sehen, viel häufiger externes Know-how zu importieren, Insourcing zu betreiben.

Im Rahmen der aktuellen Diskussionen über veränderte Lebens- und Arbeitsmodelle kommen Themen wie Patchwork-Lebenslauf oder die „Ich-AG" in die Diskussion. Der klassische Berufsweg von der Stammhauslehre bis zur Pension bei einem Arbeitgeber gehört der Vergangenheit an, Wechsel von Positionen und Firmen, aber auch Zeiten der Beschäftigung und Auszeiten im Rahmen von Sabbaticals werden künftig immer mehr die Regel sein. So spricht man häufiger von einem Lebensabschnittsjob und sieht die bedingungslose Loyalität von Arbeitnehmer und Arbeitgeber als ein rares Relikt der vermeintlich guten alten Zeiten. In solch ein Bild von Flächenkarrieren, die sich aus verschiedenen Puzzlestücken zusammensetzen, passen dann auch Phasen als Angestellter, Unternehmer, Entrepreneur, Selbstständiger – oder eben auch als Interim Manager – und bieten ein zukunftsweisendes Bild. So werden für das Individuum, die Unternehmen und den Arbeitsmarkt neue Formen einer Just-in-time-Beschäftigung entstehen.

Was bisher die Finanzmanager innovativ bei den Bilanzen mit Sale-and-Lease-Back-Modellen angewendet haben, wird vielleicht eines Tages die Aufgabe der Personalmanager im Unternehmen sein, nämlich der adäquate Einsatz von Personal- und Managementressourcen, die dann nicht mehr den Mitarbeiterstamm strapazieren und die Bilanz belasten, sondern bedarfsgerecht die Probleme lösen. Hier stellt Interim Management eine exzellente Möglichkeit dar.

Kostenreduzierung im Unternehmen

Immer wieder ist Kostenreduktion das große Thema im Unternehmen, und einer der Fixkostenblöcke stellt der Personalaufwand dar. So bietet es sich an, auf allen Ebenen Möglichkeiten der Flexibilisierung und des adäquaten Einsatzes von Mitarbeitern zu nutzen. Der bedarfsgerechte Personaleinsatz mit entsprechender Entlohnung – Honorierung für zeitlich begrenzte Tätigkeiten und klar definierte Aufgabenstellung – lässt sich auch im Management einführen. Zahlreiche Funktionen an externe Spezialisten im Rahmen des Outsourcings zu übergeben macht durchaus Sinn, wie auch die Gegenüberlegung, spezifische Lösungen im Rahmen des Insourcings in das Unternehmen hineinzubringen. Gerade für Projektleitungen bei klaren Problemstellungen ist Interim Management die schnellste und kostengünstigste Lösung. So wird das Unternehmen nach Auffassung von Charles Handy, wie er es in seinem Buch „Ohne Gewähr. Abschied von der Sicherheit – mit dem Risiko leben können"[16] darlegt, einen Stamm von festen Mitarbeitern haben, die sich auf das Kerngeschäft konzentrieren, erweitert durch ein Reservoir von Freelance- und Teilzeitmitarbeitern, die gemäß Auslastung und Bedarf für das Unternehmen arbeiten. Weiterhin wird jene Gruppe wachsen, die als flexible Zulieferer externe Dienstleistungen anbieten, welche vorher von unternehmenseigenen Stabs- und Supportabteilungen erbracht wurden.

Das kann so weit gehen, dass im Extremfall eine virtuelle Firma nur noch das Markenzeichen besitzt und alle anderen Bereiche ausgegliedert hat, seien es Personal, Gebäude, Systeme, Produktion, Lager oder Vertrieb. Bisher sind dies eher Gedankenexperimente, aber die Tendenz ist erkennbar. Gerade in Zeiten, in denen der Shareholder Value intensiv diskutiert wird und die finanziellen Verpflichtungen eines Unternehmens reduziert werden, werden neue Wege gesucht. Große Fixkostenblöcke durch Kapitalbindung und hohe Mitarbeiterzahlen werden einer Prüfung unterzogen, und die Tendenz zur Variabilisierung des finanziellen Engagements ist deutlich. Schlagwörter wie Flexibilisierung, Anpassungsfähigkeit und Reaktionsschnelligkeit finden ihre Umsetzung im Unternehmensalltag und einen Niederschlag in den Bilanzen.

Im Rahmen des viel diskutierten Lean Management wird geprüft, welche Bereiche zum Kerngeschäft eines Unternehmens gehören und welche nicht betriebsnotwendig sind. Ziel ist es, das Knowhow zu fokussieren, aber auch fixkostenintensive Unternehmensfunktionen abzubauen. Hier kommt das Thema Outsourcing zum Tragen, wenn kritisch geprüft wird, ob Leistungen besser in Eigenerstellung oder in Fremdbezug zu beziehen sind, die klassische „Make-or-buy"-Entscheidung, die sich ebenso auf den Personalbereich anwenden lässt. Typischerweise werden im Rahmen des Personal-Outsourcings seit langem Aufgabenkomplexe wie Wartungs- oder Reparaturarbeiten vergeben, ebenso aber auch bestimmte Aufgaben an unternehmensexterne Einzelpersonen übertragen (zum Beispiel freie Mitarbeiter, Heimarbeit oder Personalleasing). Dies führt zu „Just-in-time-Mitarbeitern".[17]

Vorteile des Interim Management

Interim Manager verstärken als hoch qualifizierte Spezialisten und Führungskräfte das Management-Team für eine absehbare Zeit. Je nach Bedarf können Intensität und Dauer des Einsatzes bestimmt und situationsgerecht auf ein Projekt oder ein bestimmtes Zeitfenster zugeschnitten werden. Qualifizierte, erfahrene, unabhängige Manager unterstützen mit ihrem Know-how die Führung des Unternehmens.

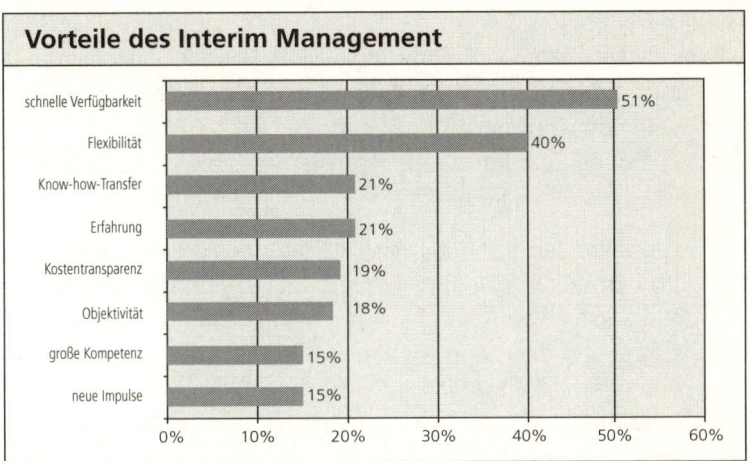

Vorteile des Interim Management

schnelle Verfügbarkeit	51%
Flexibilität	40%
Know-how-Transfer	21%
Erfahrung	21%
Kostentransparenz	19%
Objektivität	18%
große Kompetenz	15%
neue Impulse	15%

Quelle: Handelshochschule Leipzig/Management Angels GmbH, Interimsmanagement Report 2001, Leipzig 2001, S. 7.

Bisher gibt es wenig empirische Evidenz über den Einsatz von Interim Managern. Nach der einzig aktuellen Studie der Handelshochschule Leipzig verfügten ein Drittel der befragten Firmen über Erfahrungen, 61 Prozent hatten einen und 39 Prozent zwei oder mehr Interim Manager im Unternehmen beschäftigt. 30 Prozent der Unternehmen waren mit der Leistung des Interim Managers sehr zufrieden, keiner der Befragten unzufrieden. Die Bereitschaft zum Einsatz von Interim Management in Zukunft ist hoch, 91 Prozent halten dies für sicher oder ziemlich wahrscheinlich.

Nach dieser Studie haben 33 Prozent der befragten Unternehmen bereits Erfahrungen mit Interim Managern gesammelt. Diejenigen, die diese Dienstleistung kannten, hatten in 61 Prozent der Fälle einen, in 39 Prozent zwei oder mehr Interim Manager eingesetzt. Bei 43 Prozent der befragten Unternehmen waren Führungspositionen nicht besetzt worden, zum einen auf Grund der hohen Rekrutierungskosten, zum anderen, weil der Managementbedarf nur saisonal auftrete; hier bietet Interim Management adäquate Lösungen.

In ihrer beruflichen Vergangenheit hatten Interim Manager häufig ähnliche Projekte oder Problemstellungen zu bewältigen und besitzen auf Grund dieser Erkenntnisse einen Fundus von Informationen und Problemlösungskonzepten. Ebenso verfügen sie über ein Netzwerk von informellen Beziehungen und beruflichen Kontakten und können auf Informationsquellen außerhalb des Unternehmens schnell zurückgreifen.

Als Externe zeigen Interim Manager bei der Erkennung und Lösung von Problemen Neutralität und Objektivität. Sie bieten eine unabhängige Sichtweise und agieren bei der Definition der Aufgabenstellung und der Lösungsmaßnahmen unabhängig von Interessen unternehmensinterner und -externer Gruppen. Sie arbeiten bindungsfrei, da sie in dem Unternehmen weder eine Zukunft noch eine Vergangenheit haben, die sie beeinflusst. Sie können rein sachlich orientiert handeln und die für das Unternehmen, die Belegschaft und den Eigentümer besten Entscheidungen treffen. Auch im eigenen Interesse müssen sie ihre Aufgabe zum Erfolg bringen, denn sie brauchen für ihre Zukunft gute Referenzen. Wenn sie dafür keine Grundlage sehen oder keine adäquate Unterstützung vom Auftraggeber erhalten, werden sie von sich aus den Einsatz beenden.

Da sie von außen kommen, eröffnen sich Interim Managern oft andere Zugangswege zu Mitarbeitern. Diese sind manchmal eher bereit, Informationen und Ideen außenstehenden Personen mitzuteilen als den Kollegen oder Vorgesetzen. Externe werden nicht als Konkurrenz angesehen und können die firmeneigenen Ressourcen zur Problemlösung ganz anders aktivieren.

Der Einsatz eines Interim Managers bietet Entlastung in vielen Bereichen; die Kernmannschaft hat weiterhin Zeit für das laufende Tagesgeschäft. Der Externe verfügt über neues Methoden- und Erfahrungswissen und kann in der vakanten Position oder dem Projekt eine zügige Abwicklung bei höchstem professionellen Standard leisten. Auf Grund seines Erfahrungshintergrundes bringt er die notwendige und hilfreiche Fach-, Branchen-, Organisations- und Sozialkompetenz mit. Die Kosten des Einsatzes belasten nicht das Personalbudget, lassen sich gezielt steuern und begrenzen, können aktiviert oder als Aufwand gebucht werden, und bei Ende des Projektes entstehen keine Folgekosten oder Fragen bezüglich einer Anschlussverwendung.

Die Unternehmensberatung Dr. Wieselhuber & Partner in München hat Unternehmen untersucht, die sich in einer Krise befinden und in 61 Prozent der Fälle Entscheidungsstau, 50 Prozent Entscheidungsschwäche und bei 45 Prozent der Unternehmen fehlende Orientierung der Führungskräfte an Fakten festgestellt. 80 Prozent der Führungskräfte verfügten über keinerlei Sanierungserfahrung. Dazu kamen bei 55 Prozent der analysierten Fälle unzureichende Kenntnisse im Controlling, da es an adäquaten Finanzzahlen sowie am Planungs- und Kontrollwesen fehlte.[18]

Krisenursachen der Unternehmen

	(Angaben in Prozent)		
	trifft zu	teils/teils	trifft nicht zu
schlechte Rendite	82	8	10
fehlendes Liquiditätsmanagement	65	24	11
Sortiments-/Produktkomplexität	61	11	28
geringe Eigenkapitalquote	58	29	13
Managementkompetenz	55	26	19
Führungsverhalten	53	32	15
ineffiziente Geschäfts-/Kernprozesse	53	29	18
Kapitalengpass	47	34	19
Vertriebs-/Marketingprobleme	45	18	37
fehlende Controllinginstrumente	42	37	21

Quelle: Dr. Wieselhuber & Partner, Unternehmenskrisen im Mittelstand, München 2002, S. 16.

Häufig erkannten Unternehmen erst in der Krise die Notwendigkeit, sich externes professionelles Know-how einzuholen und das Management auszuwechseln oder zu verstärken. In 60 Prozent der Fälle wurden die Sanierungsentscheidungen einem Interim Manager übertragen.

Erfahrungen deutscher Unternehmen

Deutsche Unternehmen sind zwar der Interim Management-Idee gegenüber aufgeschlossen und 60 Prozent der Unternehmen haben von dem Begriff gehört, aber nur 40 Prozent besitzen eine konkretere Vorstellung von dieser Dienstleistung. Das ist bei Mittelständlern nicht anders als bei Großunternehmen. Eine Kundenumfrage der Firma Boyden Interim Management bei 187 Unternehmensleitern (CEOs) der führenden 500 Unternehmen in Deutschland ergab[19], dass 71 Prozent der Befragten sofort wieder einen Interim Manager einsetzen würden, 29 Prozent im Problemfall erst nach hauseigenen Lösungsmöglichkeiten suchen, aber dann auch auf einen Interim Manager zurückgreifen. 40 Prozent der Befragten waren offen, sofort einen externen Spezialisten oder Interim Manager einzusetzen, auch wenn sie keine Erfahrung damit haben.

Zuvor sind die internen Hürden zu überwinden; 54 Prozent der kleinen und mittleren Unternehmen haben noch nie Beratung bzw. externe Unterstützung in Anspruch genommen.[20] Dabei existieren Vorbehalte gegen von außen kommende, oft theoretisch ausgerichtete Berater und Akademiker. Zur Lösung von Problemen werden sie als letzte Rettung gesehen, oft aber erst, wenn es zu spät ist. Mangelnde Erfahrung über die Nutzung externer Ressourcen sowie die Befürchtung, dass Unruhe in die Firma kommt, pragmatische Lösungen in Frage gestellt oder Schwächen aufgedeckt werden könnten, verhindern den rechtzeitigen Einsatz.

Hinzu kommt der Zeit- und Kostenaufwand. So bedarf es häufig einer Referenz oder einer ersten (in)direkten positiven Erfahrung, bevor sich ein Unternehmer auf das vermeintliche Wagnis einlässt, einen Interim Manager zu bestellen.

Für viele Funktionen werden Manager eher phasenweise benötigt, so vor allem in Boom- oder Rezessionszeiten. Hier bieten Interim Manager einen hilfreichen Lösungsansatz. Sie sind schnell verfügbar für zeitlich begrenzte Einsätze, es werden nur die tatsächlich geleisteten Arbeitstage berechnet, sie weisen entsprechendes Know-how vor, sind flexibel, objektiv und bringen als Externe meist neue Impulse und Ideen.

Oftmals verhindert ein Informationsmangel die Nutzung dieser außerbetrieblichen Ressourcen. In der Untersuchung der Handelshochschule Leipzig sehen 71 Prozent der Befragten wenig Ansatzpunkte für eine Beschäftigung in nächster Zeit. 20 Prozent geben zu, auf Grund unzureichender Informationen noch nie einen Interim Manager eingesetzt zu haben, elf Prozent halten dies für zu teuer, 56 Prozent hatten keinen Bedarf, vier Prozent haben die Möglichkeit nicht in Betracht gezogen. Nur vier Prozent meinten explizit, sie seien von dem Konzept nicht überzeugt.

Schwierigkeiten gibt es mit der Akzeptanz Externer im Unternehmen, oft mangelt es auch am Verständnis der potenziellen Auftraggeber, wofür ein Interim Manager eingesetzt werden kann. Insbesondere bei Start-ups oder Internetunternehmen mit junger Mannschaft werden Reibungspunkte befürchtet, da das Gros der Interim Manager über 50 Jahre alt ist. Doch Nachfrage und Angebot erweitern sich auf Grund der heutigen Wirtschaftslage, so dass nun auch 35-Jährige mit entsprechendem Know-how für Interimstätigkeiten zur Verfügung stehen.

Mit Interim Management können Führungskräfte vor einer Festeinstellung oder als potenzielle Firmennachfolger getestet werden. Dies wird aber eher selten genutzt, da diese Berufsgruppe der modernen Arbeitsnomaden gerade den Wechsel und die sich ändernden Aufgabenstellungen bevorzugt.

2. Vorbehalte und Hindernisse

Auftraggeber befürchten, dass möglicherweise Betriebsinterna abfließen und der Planungshorizont befristet ist. Bei der Untersuchung der Handelshochschule Leipzig 2001 sahen 13 Prozent der Befragten einen Nachteil in der Kürze des Zeitraums und der Kombination mit einer vorgegebenen Zielerreichung, neun Prozent beurteilten diesen Faktor als positiv. Bei dem Thema Wissensabfluss sahen zehn Prozent der Befragten ein Risiko, 21 Prozent erwarteten sich beim Einsatz von Interim Managern Vorteile durch den Wissenstransfer.

Viele Unternehmer sind der Ansicht, dass ein Externer weder das Unternehmen noch die Spezifika in der Kürze der Zeit richtig verstehen kann, 51 Prozent der Befragten gaben dies als nachteilig an. Weiterhin wurde auf die Einarbeitung hingewiesen, 44 Prozent der Auftraggeber befürchten mögliche Akzeptanzprobleme, zudem werden die hohen Kosten gescheut.

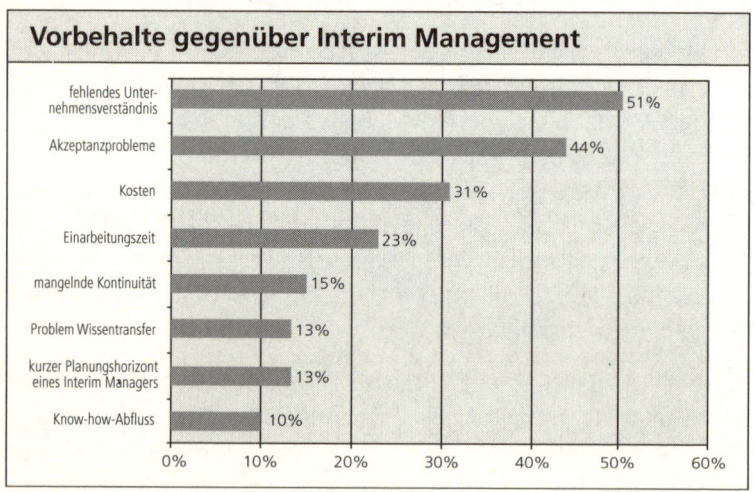

Quelle: Handelshochschule Leipzig/Management Angels GmbH, Interimsmanagement Report 2001, Leipzig 2001.

Hindernisse in der Unternehmenskultur

Ausländer beklagen häufig, dass Deutschland im Vergleich zum angloamerikanischen Markt keine ausgeprägte Dienstleistungsgesellschaft ist. Im englischsprachigen Raum ist man viel eher bereits einen Experten anzusprechen, ihm das Problem, die Fragestellung darzulegen und zu erfahren, was der Spezialist tun kann. Es gilt als selbstverständlich, dass qualifizierte Unterstützung ihren Preis hat. In Deutschland stellt sich die Kostenfrage am Anfang, man versucht über eigene Beziehungen einen Rat einzuholen. Der Einsatz von Profis setzt sich in Deutschland in den verschiedenen Branchen erst zögerlich durch. Noch bis vor wenigen Jahren sahen sich Unternehmensberater, Personalberater und Investmentbanken dem gleichen Widerstand ausgesetzt – mittlerweile hat sich ihr Einsatz bei Firmen aller Größenklassen etabliert. Bezüglich Interim Manager steht der Markt eher in einer Anfangsphase; noch ist es nicht üblich, sich das notwendige Know-how von Topmanagern auf Zeit zu sichern.

Die angelsächsischen Märkte zeichnen sich durch stark liberalisierte Arbeitsmärkte aus; sowohl Unternehmen als auch Mitarbeiter sind stärker auf Leistung ausgerichtet. Die Arbeitnehmerrechte sind nicht so weit entwickelt wie in anderen Teilen Europas, so dass hire and fire im Unternehmens- und Mitarbeiterbewusstsein viel präsenter ist. Jobhopping ist ein geläufiges Phänomen, der Markt akzeptiert den Wechsel und geht auch rücksichtsloser mit den Mitarbeitern um. Umstrukturierung, Kündigung, Scheitern gehören zur Wirtschaftskultur wie auch der Neubeginn oder der Wechsel in ein anderes Segment.

Die Mentalität der Arbeitgeber und Arbeitnehmer in Deutschland ist viel konservativer, was sich in der Arbeitsgesetzgebung wie in der Loyalität der Arbeitnehmer und -geber zeigt. Auch wenn sich hier Veränderungen anbahnen, ist der Markt jedoch längst nicht so durchlässig und aufgeschlossen gegenüber neuen Entwicklungen.

Eine zukunftsweisende Chance für Unternehmen

Dies spiegelt sich in der verhaltenen Bereitschaft, neue Arbeitsformen wie Interim Management zu nutzen. Die Unternehmer sind misstrauisch, befürchten Informationsabfluss und verwehren dem Manager auf Zeit Zugang zu vertraulichen Informationen.

Vielfach hoffen Unternehmen, ihre Probleme selbst lösen zu können. Mit der Angst, dass Externe Unruhe bringen, beraubt sich die Geschäftsführung wichtiger Impulse. „Unser Geschäft kann kein Fremder verstehen": Diese Haltung führt bei so viel Abschottung gelegentlich zu Krisensituationen, wertvolle Hilfe unterbleibt, bis der richtige Zeitpunkt verpasst wird.

Bei eingefahrenen Unternehmensabläufen herrscht oft die Befürchtung, ein Externer könnte zu viele Themen ansprechen, die derzeit aus Sicht der Entscheider nicht anstehen. Die Sorge, dass alles in Frage gestellt wird, verhindert aber auch wichtige und notwendige Veränderungen. Hier lässt sich durch klare Aufgabenabgrenzung ein machbarer Rahmen für die Beteiligten abstecken. Zwar haben die Unternehmen in der Regel Kontakt zu einem Steuerberater und Rechtsanwalt, dies reicht aber in vielen Situationen nicht aus. Auch wenn es der Geschäftsführung schwer fällt, Informationen mit Außenstehenden zu teilen, ist dies unabdingbar, um neue Impulse zu erhalten. Diskretion ist eine selbstverständliche Voraussetzung für beide Seiten und gehört zu einer professionellen Zusammenarbeit.

Interim Management kämpft häufig gegen ein psychologisches Problem: Auftraggeber ist der Unternehmer oder die Geschäftsleitung, bei Großunternehmen ist es meist die Geschäftsleitung einer Tochtergesellschaft oder der Leiter eines Profitcenters. Beauftragt der Geschäftsführer einen Berater, dann entscheidet immer noch er, ist er in der Verantwortung und bestimmt, was von den erarbeiteten Konzepten tatsächlich umgesetzt wird. Er muss jedoch Kompetenz und Weisungsbefugnis abgeben, wenn ein Interim Manager in das Unternehmen kommt. Von diesem wird erwartet, dass er „besser als der Chef" ist, Spezialist und bereit, unterhalb seiner bisherigen Hierarchiestufe als Interim Manager zu arbeiten. Somit entsteht beim Auftraggeber die Angst vor einem Gesichtsverlust sowohl gegenüber dem Aufsichtsgremium als auch gegenüber den Mitarbeitern. Die Furcht, sich eine Blöße zu geben, eine offene Flanke hinzunehmen, indem man Kompetenz abgibt und zugibt, nicht allwissend zu sein, verhindert oft das rechtzeitige Hinzuziehen professionellen Know-hows – das ist beim Unternehmer nicht anders als beim angestellten Manager im Konzern.

Vorurteile – und ihre Widerlegung

Der Interim Management-Markt kämpft in Deutschland wie in Großbritannien noch mit zahlreichen Vorurteilen. Clutterbuck und Dearlove nennen in ihrem Buch „The Interim Manager – A New Career Model for the Experienced Manager" verschiedene Aspekte, die im Folgenden noch ergänzt werden:

- Interim Manager sind Führungskräfte, die keinen vernünftigen Job mehr bekommen

  Die Datenbanken der Interim Management-Vermittlungen enthalten beeindruckende Lebensläufe. In den Pools renommierter Vermittler befinden sich überwiegend ehemalige Vorstandsvorsitzende, Senior Manager oder Direktoren.

- Interim Manager sind Einzelkämpfer, die nicht teamfähig sind

  Außergewöhnlich hohe zwischenmenschliche Fähigkeiten werden gebraucht, um als Interim Manager in einer Linienfunktion effektiv zu arbeiten.

- Interim Manager suchen Zeiteinsätze, um einen permanenten Job zu finden

  Die Mehrheit der Interim Manager bevorzugt gerade diesen selbstständigen Arbeits- und Lebensstil, nur eine Minderheit lässt sich in eine permanente Anstellung abwerben.

- Interim Manager suchen verzweifelt nach Arbeit

  Ein Großteil der Manager ist finanziell abgesichert, bei ihnen stehen Aufgabe und Engagement im Vordergrund.

- Interim Manager sind teuer

  Die Tagessätze liegen hochgerechnet deutlich über vergleichbaren Bruttogehältern, es handelt sich jedoch um klar definierte Beträge; keine Ausfallzeiten, Folgekosten etc. entstehen.

- Interim Manager sind ergraute Pensionäre

  Mittlerweile gibt es Vertreter aller Altersgruppen, die sich für diesen Arbeitsbereich qualifiziert haben.

- Interim Manager kennen das Unternehmen und die Branche nicht

  Die Praxis zeigt, dass sie sich schnell einarbeiten, Erfahrung aus vergleichbaren Unternehmen und Branchen mitbringen und adäquate Lösungsansätze übertragen.

- Interim Management birgt unabsehbare Risiken bezüglich Kompetenz und Loyalität

  Bevor man Interim Manager einstellt, sollte ein Qualitätscheck vorgenommen und Referenzen geprüft werden. Externe haben keine internen Seilschaften und Abhängigkeiten und sind erfolgsorientiert im Sinne der Firma tätig.

- Wenn sie so gut sind, warum ist ihr Arbeitseinsatz zeitlich begrenzt

  In ihrem Vertrag sind von vornherein die erfolgreiche Beendigung ihrer Arbeit und das Ausscheiden aus dem Unternehmen vereinbart.

■ Interim Manager werden eingesetzt, um die Dreck- und Schwerstarbeit im Unternehmen zu machen

Die Einsatzpalette ist weit gefächert, vom Aufbau bis zur Sanierung, was häufig schwierige Problemstellungen beinhaltet.

■ Interim Manager sind „have-beens" (ausgeschiedene Topmanager, jetzt ohne Rang und Titel)

Viele haben eine beeindruckende berufliche Vergangenheit, und gerade das ist der Charme für Unternehmen, an diese Erfahrung heranzukommen.

■ Wenn Interim Management so eine gute Idee ist, warum ist sie nicht bekannter

Der Einsatz wächst ständig, jedoch fehlt es vielerorts an Erfahrungen.

Kritische Fragen im Unternehmen

Beim Einsatz eines Interim Managers muss der Auftraggeber mit verschiedenen Fragen seiner Belegschaft rechnen, auf die er sich vorbereiten kann:

■ Warum wird keine interne Besetzung vorgenommen?

Häufig fehlen im Unternehmen die benötigten Qualifikationen für die entsprechende Aufgabe, oder die Belastung der Mitarbeiter ist so hoch, dass eine externe Fachkraft die geeignete Lösung ist.

■ Bedroht der Interim Manager Arbeitsplätze?

Auf Grund des zeitlich begrenzten Einsatzes wird der Externe für eine begrenzte Zeit seine Aufgabe übernehmen, dann aber wieder das Unternehmen verlassen. Er ist nicht an einer Festanstellung interessiert, nimmt keinem Internen den Arbeitsplatz weg. Zu seiner Aufgabenstellung kann es jedoch gehören, Personal abzubauen und die Belegschaft zu reduzieren.

■ Warum erhält der Interim Manager ein so hohes Gehalt?

Der Interim Manager arbeitet als selbstständiger Unternehmer, somit trägt er die vollen Kosten für seine Versorgung und auch das volle Beschäftigungsrisiko. Sein Einsatz ist zeitlich begrenzt, danach muss er wieder neue Marketingaktivitäten entfalten, um einen Auftrag zu erhalten. Diese Zwischenphasen, wie auch Urlaubs- und Krankheitszeiten, bezahlt ihm keiner, deshalb muss er sie bereits in seinen Honoraren mit abdecken. Interim Manager erweisen sich als kostengünstigere Alternative zu Unternehmensberatern, die in der Regel sehr viel höhere Sätze verlangen, mit großen Teams kommen und die Probleme lediglich analysieren und aufbereiten, wohingegen der Interim Manager direkt in die operative Lösung und Umsetzung verantwortlich einsteigt.

■ Warum macht ein erfahrener Manager diesen Job?

Diese Frage sollten die Mitarbeiter selbst dem Interim Manager stellen. Meist ist es das Interesse an der Aufgabe, die Suche nach stetig wechselnder Herausforderung, die Begeisterung für Projektarbeit.

3. Welcher Interim Manager passt zu welchem Unternehmen?

Auftraggeber ist in der Regel die Geschäftsführung des Unternehmens oder ein Aufsichtsgremium wie Aufsichtsrat oder Beirat. Je nach Aufgabe und Unternehmensstruktur und -größe kann aber auch der Personalleiter oder Geschäftsbereichsleiter die Entscheidung für einen Interim Manager treffen. Die Anregung für die Wahl einer Interimslösung kommt meist aus den eigenen Reihen, wenn Unternehmer oder Manager bereits Erfahrung mit Interim Management-Einsätzen haben oder sich von dieser Möglichkeit überzeugen wollen. Ebenso kann die Empfehlung für die Wahl einer Interimslösung von Beratern wie Rechtsanwälten, Steuerberatern oder Wirtschaftsprüfern kommen. Auch Banken regen gerade in Krisensituationen häufig an, externes Know-how einzubringen.

Relativ häufig wird ein Unternehmensberater hinzugezogen, der jedoch von seinem Fokus her nur Konzepte erstellt, so dass wertvolle Monate vergehen. Zwar liegt dann viel Papier vor, das manchem Finanzinstitut als eine gewisse Absicherung erscheint, jedoch die konkrete Umsetzung steht noch aus. Aus diesem Grund entscheiden sich immer mehr Finanzinstitute und auch deren auf finanziell angeschlagene Unternehmen spezialisierte Work-out-Gruppen für die Lösung Interim Management. Der Interim Manager wird seine Kosten viel schneller amortisieren und eine Wende im Unternehmensverlauf herbeiführen. Wer einmal eine Interimslösung gewählt hat, ist häufig so überzeugt, dass er bei vergleichbaren oder entsprechenden Situationen immer wieder darauf zurückgreift.

Dem Unternehmen steht als Auftragnehmer der Interim Manager gegenüber. Je nach Konstellation kann ein Interim Management-Vermittler dazwischengeschaltet sein. Der Vermittler übernimmt dann die Suche des adäquaten Interim Managers, prüft Referenzen und steht beiden Seiten als Berater und Intermediär bei Aufgabenbeschreibung, Projektgestaltung, Vertrags- und Honorarfragen zur Seite.

Zielunternehmen

Aufgabenstellungen finden sich sowohl in Start-ups, mittelständischen Firmen als auch in Großunternehmen. Ein Schwerpunkt liegt beim Mittelstand, und folgerichtig sind Firmen des Mittelstands der häufigste Auftraggeber. Gerade hier ist die Personaldecke knapp, wohingegen bei Großunternehmen eher die Möglichkeit besteht, einen Transfer im Rahmen der Personalrotation aus anderen Bereichen kurzfristig durchzuführen. So vermittelt der Interim Management-Provider Ludwig Heuse GmbH 40 Prozent seiner Interim Manager in Unternehmen mit 200 bis 500 Mitarbeitern, dies dürfte relativ typisch für den Markt sein.

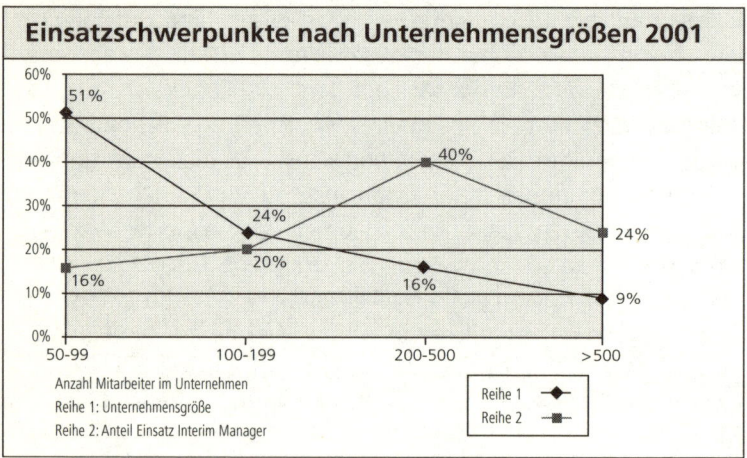

Quelle: Vera Bloemer nach Angaben der Ludwig Heuse GmbH interim-management.de.

Nach Umsatzgrößen ergibt sich ein Schwerpunkt von 35 Prozent der Unternehmen mit 51 bis 350 Mio. EUR Umsatz, wie die Auftragsstatistik 2000-2002 des Interim Management-Vermittlers Protem GmbH für Deutschland zeigt. 17 Prozent der Kunden haben eine Umsatzgröße von unter 15 Mio. EUR, 23 Prozent machen 16 – 50 Mio. EUR und neun Prozent 351 – 500 Mio. EUR Umsatz. Große Unternehmen mit mehr als 500 Mio. EUR Umsatz waren in 16 Prozent Auftraggeber für den Einsatz von Interim Managern.

Interim Management wird in jeder Entwicklungsphase des Unternehmens benötigt, sei es in der Gründungs- oder in der Boomphase. Krisenmanagement ist in verschiedenen Stufen der Unternehmensentwicklung notwendig[21]:

- Startkrise

- Liquiditätskrise

- Delegationskrise

- Führungskrise

- Finanzierungskrise

- Wohlstandskrise (Selbstzufriedenheit oder zu viel Wachstum)

- strategische Krise (Expansion, Konzentration, Diversifizierung, Joint Venture, Cash-out)

- Nachfolgekrise

Spezifische Fragestellungen treten je nach Entwicklungsstand des Unternehmens auf. Wenn aus eigenen Kräften nicht das notwendige Know-how entwickelt werden kann, bietet es sich zur Bewältigung der spezifischen Aspekte einer entwicklungsbedingten Krise an, sich durch externen professionellen Support zu verstärken, um die Probleme zielgerichtet und effizient anzugehen und zu lösen.

Branchenschwerpunkte

Interim Management ist für alle Bereiche geeignet. Es wird meist in der verarbeitenden Industrie genutzt, seltener in Handel und Dienstleistung. Der Schwerpunkt der nachfragenden Branchen hängt eng von der konjunkturellen Situation ab. Im Jahr 2001 wurden bei der Executive Interim Management GmbH (EIM) 15,4 Prozent der Interim Manager im Maschinen- und Anlagenbau eingesetzt. Mit jeweils 11,5 Prozent folgten Automobilindustrie inklusive Zulieferer, die Nichteisenmetallindustrie/Stahlverarbeitung sowie die Textil- und Möbelindustrie. 7,7 Prozent umfassten jeweils Petrochemie und chemische Industrie, Banken und Versicherungen, die elektrotechnische Industrie, Software und der Verlags-/

Druckbereich. Kleinere Anteile von jeweils 3,8 Prozent hatten die Branchen Bau, Lebensmittel und sonstige Industrien.

Der Branchenschwerpunkt ist unterschiedlich, abhängig auch von dem Know-how-Profil und der Spezialisierung des Interim Management-Vermittlers und des Kundenkreises. So kommt bei dem Interim Management-Provider Ludwig Heuse GmbH beispielsweise noch der öffentliche Sektor mit 14 Prozent hinzu. Die anderen Einsatzgebiete der vermittelten Interim Manager waren die Konsumgüter- und Zuliefererindustrien mit 21 Prozent und der Automobilbereich mit 15 Prozent im Jahre 2001.

Die meisten Transaktionen hat wohl die Firma Protem per annum durchgeführt, bei ihr ergibt sich folgende Aufteilung:

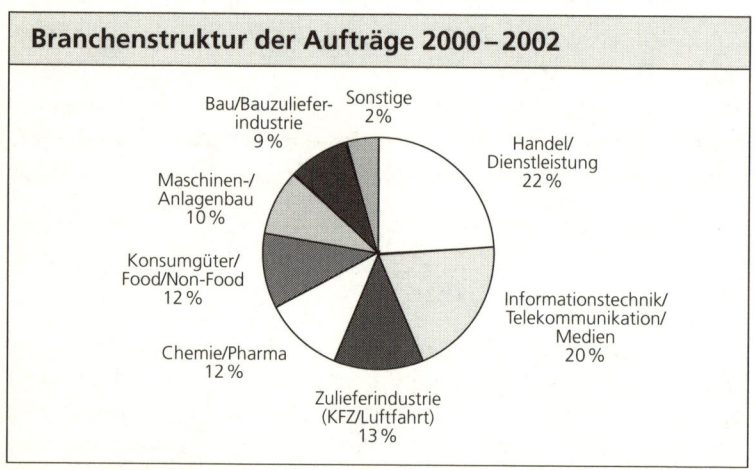

Branchenstruktur der Aufträge 2000–2002

Bau/Bauzulieferindustrie 9%
Sonstige 2%
Handel/Dienstleistung 22%
Maschinen-/Anlagenbau 10%
Konsumgüter/Food/Non-Food 12%
Chemie/Pharma 12%
Zulieferindustrie (KFZ/Luftfahrt) 13%
Informationstechnik/Telekommunikation/Medien 20%

Quelle: Protem GmbH 2003.

Die Branchenaufteilung verändert sich stark im Jahresvergleich. Das hängt mit wirtschaftlichen Entwicklungen und konjunkturellen Veränderungen zusammen, aber auch mit dem individuellen Schwerpunkt des Interim Management-Vermittlers, seines Kundenportfolios und seiner Akquisitionsaktivitäten.

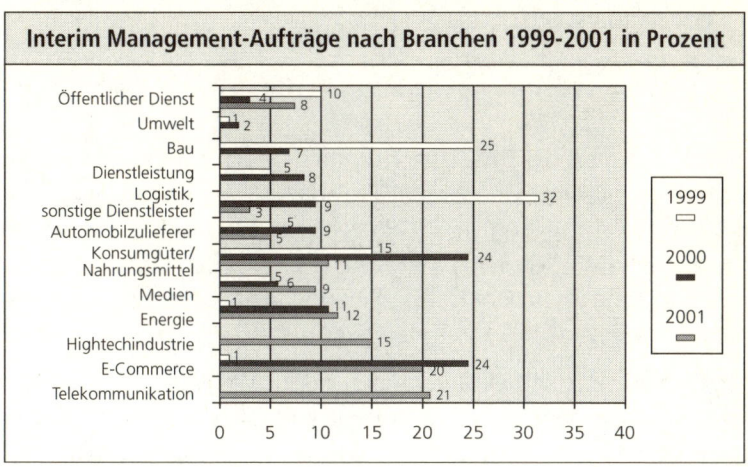

Interim Management-Aufträge nach Branchen 1999-2001 in Prozent

Quelle: Boyden Interim Management, Jahresbericht 2001, S. 7.

Funktionen

Betrachtet man den Einsatzbereich der Interim Manager nach Funktionen, zeigt sich eine gleich starke Verteilung in die klassischen Bereiche Marketing/Vertrieb, Fertigung/Technik, Controlling/Finanz- und Rechnungswesen. Der EDV/IT-Bereich ist weniger gefragt; in den meisten Firmen bildet er keinen strategischen Kernbereich der Firma, oft sind diese Aufgaben bereits an externe Dritte ausgegliedert, oder es kommen spezialisierte Unternehmensberater zum Einsatz.

Grundsätzlich ist der Einsatz von Interim Managern in allen Phasen der Wertschöpfung nach Porter[22] im Unternehmen denkbar, sowohl im Produktionsprozess als auch in den Querschnitts- bzw. unterstützenden Funktionen:

- Unternehmensinfrastruktur

- Finanz- und Rechnungswesen

- Controlling

Eine zukunftsweisende Chance für Unternehmen

- Personalwirtschaft
- Technologieentwicklung
- Beschaffung

Betrachtet man die Einsatzschwerpunkte nach Funktionen, ergibt sich beim Interim Management-Provider Ludwig Heuse GmbH für 2001 eine Aufteilung in 30 Prozent jeweils Marketing/Vertrieb sowie Fertigung/Technik. 29 Prozent der Unternehmen setzten die Interim Manager im Controlling/Finanz- und Rechnungswesen ein, im Bereich EDV/IT waren es elf Prozent.

Auch hier zeigt sich eine Veränderung im Vergleich der Aufträge über mehrere Jahre. Dies ist auf wirtschaftliche Einflüsse zurück-zuführen, hängt aber auch mit den Akquiseschwerpunkten zu-sammen.

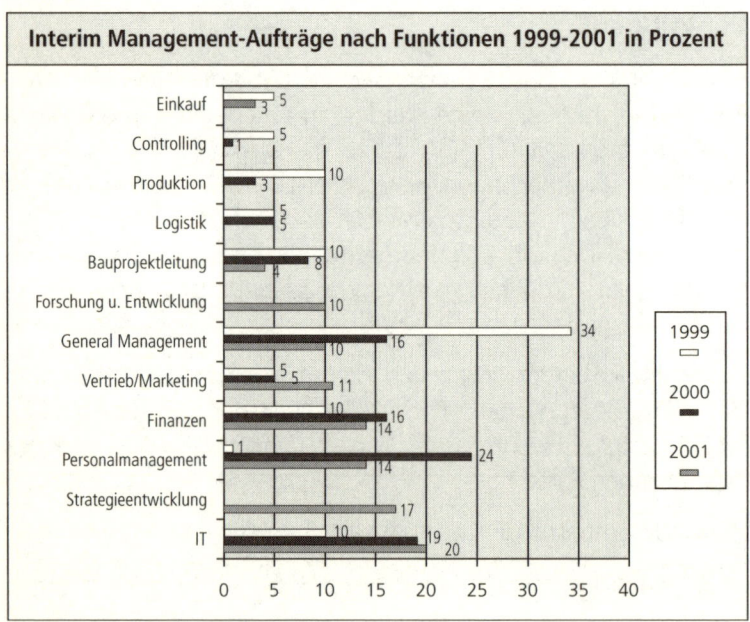

Quelle: Boyden Interim Management, Jahresbericht 2001, S. 7.

Dem Produktionsprozess entsprechend werden Interim Manager in allen Bereichen eingesetzt:

- Eingangslogistik

- Produktentwicklung, Produktion

- Marketing/Vertrieb

- Logistik

- Kundendienst

- Personal

- Finanz- und Rechnungswesen

- Kommunikation

- IT/EDV

22 Prozent der kumulierten Aufträge der Protem GmbH bezogen sich in den Jahren 2000–2002 auf den Vorsitz der Geschäftsführung. In 34 Prozent der Fälle war die Aufgabenstellung kaufmännische Geschäftsführung, Finanzen, Rechnungswesen oder Controlling, acht Prozent dagegen entfielen auf Einkaufs-/Logistikfunktionen. Zu jeweils neun Prozent wurden Interim Manager für Produktions-, Vertriebs-/Marketingfunktionen eingesetzt. Die Bereiche IT und sonstige Positionen im Unternehmen machten acht Prozent der Vermittlungsaufträge aus.

Unternehmenshierarchie

Die Einsatzgebiete liegen meist auf der oberen Entscheidungsebene des Unternehmens. Die Interim Management-Vermittlung Executives Interim Management ist hoch positioniert und vermittelt etwa 90 Prozent auf Geschäftsführungs- und Vorstandsebene, beim Interim Management-Provider Ludwig Heuse GmbH sind es 57 Prozent, bei vielen Marktteilnehmern liegt der Anteil eher unter 50 Prozent. In der Studie der Handelshochschule Leipzig berichteten 70 Prozent der Befragten, die bereits Erfahrungen mit der Dienstleistung hatten, dass sie Interim Manager auf der ersten Ebene einsetzen (Geschäftsführer, Vorstand).

Auf der Führungsebene lassen sich unterscheiden:

- Aufsichtsrat, Verwaltungsrat
- Unternehmensleitung
- Abteilungsleitung
- Bereichsleitung
- Geschäftsstellenleiter
- Leiter Profitcenter

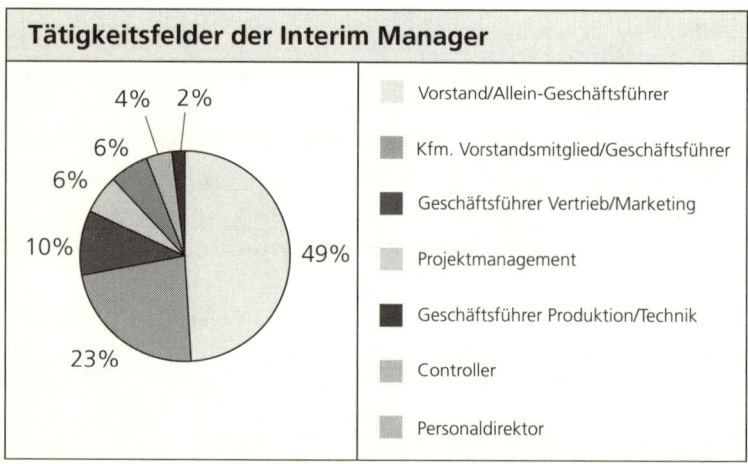

Tätigkeitsfelder der Interim Manager

- 4%
- 2%
- 6%
- 6%
- 10%
- 49%
- 23%

Vorstand/Allein-Geschäftsführer

Kfm. Vorstandsmitglied/Geschäftsführer

Geschäftsführer Vertrieb/Marketing

Projektmanagement

Geschäftsführer Produktion/Technik

Controller

Personaldirektor

Quelle: Executive Interim Management GmbH (EIM) 2001, S.4.

Es sind unterschiedliche Konstellationen denkbar: Sei es, dass ein alleiniger Geschäftsführer oder ein Manager gesucht wird. Dabei kann ein einziger Interim Manager oder ein ganzes Interim Management-Team auftreten. Die Aufgabe kann auf der ersten oder zweiten Ebene angesiedelt sein; der Fokus liegt auf operativem Management, auf Coaching oder Projektleitung.

Anforderungen des Unternehmens

Wenn sich Unternehmen externe Hilfe durch einen Interim Manager holen, so sind – unabhängig von der konkreten Aufgabenstellung – verschiedene Kriterien relevant, die der Auftraggeber an den Interim Manager stellt und von ihm erwartet:

- schnelle Resultate und Erfolge,
- pragmatisches, lösungsorientiertes Vorgehen,
- analytischer Ansatz, der strategisch, taktisch und operativ umgesetzt wird,
- Leistung und Verantwortung,
- kurzfristige Verfügbarkeit und zeitliche Flexibilität bezüglich Einsatzdauer und Intensität,
- Kompetenz und Objektivität, entsprechender Background und Erfahrung,
- neue Sichtweisen und Ideen sowie Know-how-Transfer,
- schnelle Einarbeitung und Anpassungsfähigkeit,
- Befähigung zum guten Teamplayer und Teamleiter, der auch Coachingaufgaben wahrnehmen kann,
- Diskretion und Verlässlichkeit.

4. Der Einsatz des Interim Managers im Unternehmen – Aufgaben und Funktionen

Entscheidet sich ein Unternehmen für Interim Management, ist die personelle Vakanz in der Regel auch mit einer aktuellen Krisensituation verbunden. Meist sind es Probleme der Profitabilität, mit denen die Firma zu kämpfen hat. Dabei ist die Ursachenanalyse nicht immer einfach, da häufig die notwendigen Management-Informationssysteme fehlen oder das aktuelle Zahlenwerk nicht geliefert werden kann.

So zeigt die Projektstatistik der Executive Interim Management GmbH (EIM) 2001, dass in 47 Prozent der Fälle Ertragsprobleme Anlass für einen Interimseinsatz waren. Weitere Gründe liegen in mangelhaften Berichtssystemen (29 Prozent), fehlender Langfristplanung (23 Prozent) und fehlender Marktstrategie bei 19 Prozent der auftraggebenden Unternehmen. Unerwartete Vakanzen nannten 17 Prozent und 16 Prozent Kompetenzprobleme als Ursache für den Einsatz eines Interim Managers.

Aufgabenstellung

Die Angebotspalette ist so breit gestreut wie die praktischen, vom Interim Manager übernommenen Aufgabenstellungen. Waren es vor zehn Jahren noch 80 Prozent Turn-around-Fälle und 20 Prozent Controlling, Finanz- und Rechnungswesen, so konnte sich Interim mittlerweile als Management-Tool weit stärker etablieren, der Anteil der Turn-around-Aufträge dagegen hat sich halbiert. Es ist schwierig, die zahlreichen Aufgaben in verschiedene Kategorien mit einer klaren Abgrenzung einzuteilen, da sich die Themenstellungen oft überlappen: Begleitung des laufenden Geschäfts, Projektmanagement, besondere Situationen und Coaching.

In der Praxis dominieren die Themen Krisenbewältigung und Projektmanagement. So hat die Analyse der aktuellen Aufträge der Firma Protem GmbH ergeben, dass 35 Prozent im Bereich Krisenmanagement lagen, weitere 35 Prozent betrafen nicht reines Projektmanagement, sondern zum Beispiel die Restrukturierung von Funktionen oder Geschäftsbereichen in großen Unternehmen (Aufgaben, die mehrheitlich in reinen Linienfunktionen wahrgenommen werden). Die verbleibenden 30 Prozent der eingesetzten Interim Manager waren je zur Hälfte in der Überbrückung von nicht besetzten Positionen und im Change Management beschäftigt.

Die Einsatzgebiete für Interim Management sind vielfältig. Im Folgenden ist eine Unterscheidung in vier Bereiche gewählt, wobei es im Einzelfall immer wieder zu Überschneidungen kommen kann und die Liste sich erweitern lässt.

Einsatzgebiete für Interim Manager			
Laufendes Geschäft	**Besondere Situation**	**Projektmanagement**	**Coaching**
Vakanzen überbrücken	Unternehmensgründung	Ausgliederung	Generationswechsel
Ergänzung des Know-how	Entwicklung/Aufbau	Outsourcing	Begleitung von Führungskräften
Verstärkung von Ressourcen	Reife	Verkauf	Teamunterstützung
	Umbruch	Kauf	Change Management
	Krise	Eingliederung	
	Sanierung/Turn-around	Börsengang	
	Konkurs	Standorte schließen/ Märkte aufbauen	
	Neuausrichtung	Joint Venture	
	Umstrukturierung	Umsetzung von Beratungskonzepten	
	Privatisierung	Funktionsoptimierung	
		Qualitätsmanagement	
		IT-Neueinführung	

Begleitung des laufenden Geschäfts

Bei den eher dem Tagesgeschäft zuzuordnenden Aufgaben im Unternehmen kann es zum Beispiel darum gehen, Vakanzen zu überbrücken.

Überbrückung von Vakanzen

Zeitliche Vakanzen können entstehen beim „Aus- oder Wegfall" eines Managers, bei Unfall oder Todesfall, bei einer unerwarteten fristlosen Kündigung seitens der Führungskraft oder des Unternehmens, bei Krankheit, bei Mutterschutz, Sabbatical, Fortbildung etc.

Häufig fehlen formelle Stellvertreterregelungen, und es kommt zu Engpässen. Bei personeller Knappheit, Reduzierung der Managementfunktionen etc. wird der Ausfall eines Entscheidungsträgers zu quantitativen und qualitativen Lücken im Unternehmensgeschehen führen. Oftmals fehlt kritisches Know-how, das nicht schnell aufzubauen ist. Hier bietet sich das Engagement eines Interim Managers an, da er ad hoc flexibel eingesetzt werden kann, um akute Probleme zu lösen und die Suche nach einer mittel- bzw. langfristigen Aufgabenbewältigung zu begleiten.

Ebenso ist es denkbar, dass eine Führungskraft in Vollzeit den Master of Business Administration (MBA) absolvieren möchte und der Arbeitgeber zustimmt, um eine qualifizierte Kraft nicht zu verlieren. Im Rahmen der Work-Life-Balance-Diskussion kann es sein, dass Eltern Auszeiten für die Erziehung ihrer Kinder beanspruchen oder der Vater die Babybetreuung in der Familie übernimmt. Aber auch bei Trennung und Kündigung von Mitarbeitern entsteht eine Vakanz.

Wird die Überbrückung einer Vakanz mit betriebsinternen Mitteln gelöst, so kann es zu Überlastungen kommen. Viele Firmen, die Interim Management nicht nutzten, sind sich der Problematik bewusst, dass unter der langfristigen Abwesenheit eines Managers die Produktivität des Unternehmens leidet.

Beispiel:

Überbrückung einer Vakanz Leiter Finanzen

Der junge Eigentümer des vom Vater ererbten Unternehmens bringt die Firma mit großem Erfolg an die Börse. Der Finanzchef, ungeübt im Umgang mit Analysten, fällt beim Chef in Ungnade. Der Personalberater geht sofort auf die Suche nach einem Nachfolger. Für die Zeit bis zum erfolgreichen Abschluss der Suche springt auf Wunsch des Kunden über den Interim Management-Vermittler ein hochkarätiger Finanzmann als Interim Manager ein und sorgt für einen nahtlosen Übergang.

Quelle: Boyden Interim Management.

Ergänzung des Know-how

Ein Bereich benötigt für seine Leistungserstellung spezifisches Know-how, die Aufgabenstellung würde aber die Kosten für die vollzeitige Einstellung eines Spezialisten nicht rechtfertigen. Hier bietet sich Interim Management mit maßgeschneidertem Wissen für das Unternehmen an.

Verstärkung von Ressourcen

Externe Unterstützung zu suchen ist durchaus sinnvoll bei Kapazitätsengpässen, verursacht durch Knappheit auf den Märkten oder anderen außergewöhnlichen Faktoren. Es gibt immer verschiedene Alternativen, entstandene Lücken zu füllen („management of gaps"):

- interne Reorganisation der Aufgaben

  Bei knapper Personaldecke und gut organisierten Abläufen sind die Spielräume gering, um bei Ausfall einer qualifizierten Führungskraft noch Ressourcen zu mobilisieren und den Aufgabenbereich alternativ zu verteilen.

- externe Festeinstellung

  Abhängig davon, ob es sich um eine vorübergehende oder permanente Vakanz handelt, wird man eine Festanstellung prüfen. In jedem Fall dauert es einige Zeit, bis eine erfolgreiche Neueinstellung gelingt, so dass auch hier die Zwischenzeit überbrückt werden muss.

- Beratung

  Ein Unternehmensberater eignet sich im Allgemeinen von seinem Arbeitsschwerpunkt nicht dazu, das Tagesgeschäft einer Führungskraft zu übernehmen. Er wird sich stärker auf Analyse und Konzepterstellung konzentrieren und ist meist von seinem Erfahrungshintergrund gar nicht dazu prädestiniert, selbst einmal die Managementrolle zu übernehmen.

- Outsourcing

  Nicht alle Aufgabenbereiche können einfach außer Haus verlegt und durch einen externen Dienstleister bearbeitet werden. Zudem erfordert dieser Prozess die genaue Abgrenzung, welcher Bereich zu welchen Konditionen nach außen verlagert und wie die Schnittstellen gemanagt werden sollen.

- Interim Manager

  Ohne großen Aufwand zeitlicher oder organisatorischer Art lassen sich durch einen Interim Manager schnell Lücken schließen und möglicherweise auch weitere Themenbereiche angehen.

Besondere Situationen

Unternehmensgründung

Unternehmensgründungen, Start-ups, zeichnen sich häufig durch eine exzellente Idee, aber wenig Management-Know-how aus. Ein Interim Manager kann bei der Strukturierung helfen und als Generalist die verschiedenen Themenbereiche und finanzwirtschaftlichen Aspekte abdecken. Bei größeren Unternehmen wäre es denkbar, dass aus der Forschung heraus zum Beispiel ein Start-up gegründet wird, verstärkt durch einen Interim Manager. Kleinere Unternehmensgründungen werden in der Regel nicht die finanziellen Mittel haben, sich einen Interim Manager zu leisten. Hier bietet aber gerade deren Arbeitsweise gute Möglichkeiten, sie nur zeitweise oder für bestimmte Fragestellungen einzusetzen. Ebenso gibt es flexible Honorierungen, neben Tagessätzen auch die Varianten der Beteiligung, oder natürlich auch rein persönliches Engagement wie bei den so genannten Business Angels (siehe S. 158).

Entwicklung/Aufbau

In der Wachstumsphase könnte sich herausstellen, dass im Unternehmen Strategie und Strukturen fehlen, um mit der Entwicklung Schritt zu halten. Die Führungskräfte sind überlastet und schaffen es oft nicht, ein kleines Erfolgsteam bei Wachstum über kritische Größen hinwegzuführen: Plötzlich ist aus dem überschaubaren Kreis der Mitarbeiter ein mittleres Unternehmen geworden, das nicht mehr auf Zuruf funktioniert. Hier kann ein Interim Manager bereichsübergreifend dabei helfen, situationsspezifisch die notwendigen Schritte zu implementieren. Auch wird er mit entsprechendem fachlichen Wissen wertvolle Beiträge leisten, wenn es beispielsweise an die Vermarktung eines Produkts geht oder die nächste Finanzierungsrunde ansteht.

Reife

Unternehmen in der Reifephase haben meist ein eingespieltes System von Prozessen, geraten aber leicht in die Gefahr, dass ihre Strukturen verkrusten und erstarren. Ein Interim Manager vermag die Unternehmenskultur, die Organisation zu verändern und Mitarbeiter und Führungskräfte zu beraten. Dies beinhaltet die Optimierung von Funktionen und Abläufen, aber auch die interne und externe Kommunikation. Er wird hier als Generalist, aber auch als Spezialist vielseitige Anstöße geben und diese im Tagesgeschäft erfolgreich implementieren.

Umbruch

Unternehmen sehen sich mit ganz unterschiedlichen Wendepunkten konfrontiert, seien es Marktveränderungen oder eigene Entwicklungen. Es müssen gar keine signifikanten Meilensteine sein: eine Stagnationsphase dauert lange an, ein neues Produkt kann nicht auf den Markt gebracht werden, und langsam aber sicher zeichnet sich die Krise ab. Immer entsteht auf Grund eines Generationswechsels im Unternehmen oder einer Veränderung der Konsumentengewohnheiten eine Umbruchsituation. Bisherige Konzepte können nicht mehr glaubhaft in demselben Stil weiterverfolgt werden. Um eine neue Ära einzuleiten, wird nicht nur ein Konzept, ein Implementierungsplan gebraucht, sondern auch eine Persönlichkeit, die diesen Umbruch managt und in Detailschritten die Neuerungen initiiert und umsetzt.

Krise

Akute Erfolgs- und Liquiditätskrisen erfordern schnelles Handeln. In diesen meist überaus komplexen Situationen wird breite Führungserfahrung und spezialisiertes Know-how benötigt, es gilt die Beteiligten zu beruhigen, zu motivieren und zu binden. Dies betrifft Mitarbeiter, Kunden, Lieferanten und Banken. Dabei heißt es oft auch, unpopuläre Maßnahmen zu treffen und gleichzeitig verborgene Potenziale zu aktivieren. Meist überschneiden sich strategische Krisen, in denen die Erfolgspotenziale bedroht sind, mit Erfolgskrisen, in denen die Erfolgsziele verloren gehen, sowie Liquiditätskrisen, wo Illiquidität und/oder Überschuldung eine Gefahr darstellen. Ein Interim Manager kann sich dabei voll einbringen: vom Erkennen der Krisensituation, dem Koordinieren der Interessen und Aktivitäten der Beteiligten bis hin zur Analyse der Krisenfaktoren und zum Erstellen und Implementieren des Restrukturierungskonzepts. Wenn die Maßnahmen greifen, das laufende Controlling die Verbesserungen spiegelt und die Profitabilität gesichert ist, hat sich der Krisenmanager durch seinen Erfolg überflüssig gemacht.

Gerade in kleineren oder sehr persönlich geführten Unternehmen ist die Ausgangssituation schwierig, da oftmals die Eigentümer und Geschäftsführer eine selektive Wahrnehmung haben. Krisensymptome und -ursachen werden verdrängt, da Gefühle der Verbitterung und des Versagens ins Spiel kommen. Hier wird in der

Regel nur ein externer Profi die Standfestigkeit und die Erfahrung haben, um die Situation zu meistern.

Sanierung/Turn-around

Wichtig ist es, in diesen kritischen Situationen eine kompetente Führungspersönlichkeit zu finden, die im Innen- und Außenverhältnis Überzeugungskraft und Können zeigt. Voraussetzung für einen adäquaten Interim Management-Einsatz ist die Generalvollmacht oder ein Geschäftsbesorgungsvertrag mit einem klaren Auftrag seitens der Eigentümer und Banken. Neben der Notwendigkeit, Vertrauen in den verschiedenen Richtungen aufzubauen, müssen die Erfolgsfaktoren des Unternehmens gestärkt werden. Dazu gehören Marktorientierung und die Ausrichtung am Kunden, um wieder Aufträge und Zahlungseingänge zu verbuchen und die Liquidität zu sichern. Da oftmals unzureichendes Management zu der nachhaltigen Krise geführt hat und als häufigste Krisenursache genannt wird, ist ein Austausch oder zumindest eine Verstärkung des Managements von außen nur im Sinne eines erfolgreichen Turn-arounds wirksam.

Beispiel:

Der Gesellschafter einer Papier- und Verpackungsfirma gönnt sich ein Zweitstudium

Als unser Zeitmanager in das niederländische Tochterunternehmen kam, schrieb das Unternehmen tief rote Zahlen und konnte seine Rechnungen nicht bezahlen. Sechs Monate später war der Cashflow schon wieder positiv. Der Interim Manager und Sanierer wurde zum Geschäftsführer gemacht, der geschäftsführende Gesellschafter zog sich aus der operativen Führung zurück und ging für ein Aufbaustudium drei Monate in die USA.

Quelle: ZMM Zeitmanager München GmbH.

Eine zukunftsweisende Chance für Unternehmen

Konkurs

Neben dem Einsatz eines Konkursverwalters bietet es sich bei mittleren und größeren Unternehmen an, Interim Management-Know-how zu nutzen.

Der externe Manager kann nicht nur die Beteiligten wie Mitarbeiter, Lieferanten, Kunden, Banken beruhigen, sondern sich aktiv einbringen, um die Produktion zu erhalten, zu verbessern und überlebensfähige Teile neu auszurichten. Andere Bereiche müssen gegebenenfalls verkauft werden; hier ist entsprechende Verkaufs- und Verhandlungserfahrung hilfreich, das Gleiche gilt bei Schließung von Unternehmensteilen.

Neuausrichtung und Umstrukturierung

Die Entwicklung der Märkte, die Veränderung des Nachfrageverhaltens, technische Neuerungen sind nur einige der zahlreichen Einflussfaktoren, die zu einer Neuausrichtung oder auch Umstrukturierung führen. Um nicht wertvolle Zeit und Kraft zu verlieren, ist es wichtig, mit professioneller Unterstützung ein tragfähiges Konzept nicht nur zu entwickeln, sondern im Tagesgeschäft operativ umzusetzen und Unternehmenskultur und Managemententscheidungen daran auszurichten.

Halbherzige Lösungen wirken sowohl auf Mitarbeiter als auch auf Kunden und Lieferanten kontraproduktiv. Wenn Management und Belegschaft eine Neuausrichtung nicht schlagkräftig umsetzen, geht der Elan verloren und ein lähmender Zustand setzt häufig ein, so dass der ersten eine zweite Umstrukturierung folgt, und aus der Ausnahmesituation droht ein dauerhafter Zustand zu werden.

www.metropolitan.de

Beispiel:

Umstrukturierung in einem Familienunternehmen der Papierindustrie

Nach zweijähriger Leitung seines Papierunternehmens entschloss sich der alleinige Familien-Gesellschafter, die Unternehmensdefizite mit Hilfe eines Interim Managers zu lösen. Beide Seiten entwickelten ein rasches Einvernehmen über die Notwendigkeit der Umstrukturierung und substanzieller Veränderungen.

Meist erfordern beim Einsatz in Familienunternehmen die verschiedenen Gesellschafter mehr Aufmerksamkeit als die eigentlichen Aufgaben, so die Erfahrung des dort eingesetzten Interim Managers. Dadurch entstehen unnötige und schädliche Verzögerungen, hier muss der Interim Manager Risikobereitschaft und Konfliktfähigkeit zeigen. Gerade für einen unternehmerischen Neuanfang sind die innere Unabhängigkeit vom Unternehmen und zu den Inhabern wichtig. Günstig wirkte sich im vorliegenden Fall aus, dass in der Papierwarenfabrik eine große Loyalität der Mitarbeiter gegenüber den familiär legitimierten Chefs vorhanden war. Durch die klare Rückendeckung des Inhabers und den eindeutig definierten Auftrag war ein sachlich orientiertes zielstrebiges Vorgehen gesichert.

Um ungenutztes Potenzial bei der Rohstoffbeschaffung zu aktivieren, wurde unter der Leitung des Interim Managers eine eigenständige Einkaufsgesellschaft gegründet. Typisch für die Papierindustrie ist ein hoher Materialanteil und eine vergleichsweise geringe Wertschöpfung, so dass in der Beschaffung größere Effizienzsteigerungen möglich wurden. Dieser Teil war in der Papierfabrik zuvor eine untergeordnete Kostenstelle gewesen und konnte nun als eigenständiger Bereich mit klarem Profil viel einfacher einer Erfolgskontrolle unterzogen werden.

Eine zukunftsweisende Chance für Unternehmen

Fortsetzung: Umstrukturierung in einem Familienunternehmen

Dem Interim Manager, einem promovierten Maschinenbauer, kamen seine langjährigen Erfahrungen in verschiedenen Leitungsfunktionen des Maschinenbaus wie in der Verpackungs- und Pumpenindustrie zugute. Nach 14 Jahren in fest angestellten Positionen erfolgte der Wechsel in den Bereich Interim Management. Seit acht Jahren ist dieser Interim Manager hauptamtlich mit zeitlich begrenzten Interim Management-Aufgaben beauftragt. Interim Management ist für ihn sein Traumjob, der ihm ermöglicht, sich voll einzubringen und sein Know-how weiterzugeben.

Quelle: Executive Interim Management GmbH, EIM Report 1/2001.

Privatisierung

Die Vorbereitung und Begleitung eines Privatisierungsprozesses erfordern spezifisches Know-how. Einige staatliche und regionale, aber auch kommunale Träger planen oder beabsichtigen eine Privatisierung ihrer Beteiligungen oder einzelner Aufgabenbereiche (Beispiele sind kommunale Wasser- und Energieversorger). Aus der Erkenntnis heraus, dass es nicht zum Kerngeschäft eines öffentlichen Trägers gehört, unternehmerisch tätig zu sein, oder um mit dem Verkaufserlös die finanzielle Haushaltslage zu verbessern, werden Privatisierungen vorgenommen. Hierzu ist zumeist eine Umstellung der Rechnungslegung notwendig, Strategien und Strukturen sind neu auszurichten und der Privatisierungsprozess zu organisieren, um eine langfristig tragfähige Lösung zu erzielen.

Bei der von der Handelshochschule Leipzig durchgeführten Befragung gaben die Unternehmen verschiedene Situationen an, die sie für den Einsatz eines Interim Managers besonders geeignet halten. Bei den mehrfach möglichen Nennungen lagen mit 79 Prozent an erster Stelle Restrukturierungen, dann folgten mit jeweils 68 Prozent Sanierung/Turn-around und Projektmanagement. 65 Prozent der befragten Unternehmen nannten Start-ups, 59 Prozent einen Börsengang, 53 Prozent den Aufbau neuer Geschäftsfelder und 45 Prozent neue Standorte als Anlass, den Einsatz von Interim Managern zu prüfen.

Der Einsatzschwerpunkt liegt klar auf Krisen- und Umbruchsituationen, während stabile Geschäftsphasen kaum genannt werden. Stabile Reifephasen sehen nur zehn Prozent der Firmen als Unternehmenssituation, die den Einsatz eines Interim Managers begründen würde.

Projektmanagement

Im Unternehmen bieten sich Projekte verschiedenster Art für die Besetzung mit einem Interim Manager an. Hierarchieebenen werden abgebaut, Kosten und Personal reduziert, überflüssige Kapazitäten beseitigt, und es wird immer schwieriger, Sonderaufgaben mit entsprechenden Führungskräften aus den eigenen Reihen zu besetzen. Für die Projektdauer kann adäquates Know-how eingekauft werden, und bei Projektende bleibt nicht die Frage des weiteren Einsatzes des externen Managers sowie der Folgekosten etc. bestehen. Projektmanagement kann von der Unternehmensleitung oder einer Bereichsleitung initiiert werden und setzt sich zusammen aus

- Mitarbeitern der Geschäfts- und Funktionsbereiche,
- Mitarbeitern aus Fach- und Zentralabteilungen, und
- gemischten Gruppen.

Eine andere Form der Projektgruppe ist die Task Force, die für eine Sonderaufgabe zusammengestellt wird:

- Task Force, deren Mitarbeiter innerhalb des Unternehmens rekrutiert werden,
- Projektorganisation (für die Dauer des Projekt werden neue Mitarbeiter eingestellt), und
- Mischformen.

Eine zukunftsweisende Chance für Unternehmen

Die Themen und Aufgabenstellungen für Projekte sind vielfältig, einige typische werden im Folgenden beschrieben:

Ausgliederung

Im Rahmen von Umstrukturierungen kommt es häufig zur Ausgliederung lebensfähiger Unternehmensteile, um sie als Profitcenter oder als eigenständige Firma zu führen oder auch, um sie für einen Management-Buy-Out (MBO) bzw. Management-Buy-In (MBI) oder Verkauf vorzubereiten. Da hier eine organisierende und begleitende Managementkapazität nur für einen Übergangszeitraum benötigt wird, bietet sich der Einsatz eines Interim Managers an.

Outsourcing

Im Rahmen des Outsourcings werden Teilprozesse oder Funktionen rechtlich und organisatorisch auf ein anderes Unternehmen ausgelagert. Das Zusammenspiel der Aufgabenbereiche und rechtlichen Einheiten wird vertraglich genau geregelt.

Waren es anfangs Randbereiche wie die Betreibung der Betriebskantine, die nicht mehr zu den Kernaktivitäten gezählt und an externe Unternehmen vergeben wurden, so ist die Entwicklung in den letzten Jahren weit fortgeschritten. Nicht nur in der Literatur wird diskutiert, welche Funktionen nicht zu den Kernprozessen des Unternehmensablaufs zählen und ausgegliedert werden können, sondern auch in der Praxis gibt es diverse Beispiele. So werden Teile der Personalabteilung, oft auch der gesamte Bereich (Schulung, Rekrutierung, Abrechnung, Fortbildung), der EDV-Bereich (Rechnungszentrum), der Servicebereich (Reinigung, Kantine, Sicherheitsdienste, Telefonvermittlung, Callcenter) oder das Finanz- und Rechnungswesen sowie der juristische Bereich ausgelagert. Voraus geht die Überlegung, welche Funktionen ausgegliedert, welche Form gewählt, wie die Schnittstellen gehandhabt und die Prozesse abgewickelt werden sollen.

www.metropolitan.de

Verkauf

Beim Unternehmensverkauf entsteht eine Situation, für die es im Haus meist keine Erfahrung, kein Referenzwissen gibt. Hier hilft ein Interim Manager, die „Braut zu schmücken" und auf den Eignerwechsel vorzubereiten. Gerade die Aufarbeitung und Zusammenstellung der Unterlagen, die ein potenzieller Käufer erwartet, benötigt Erfahrung und Sorgfalt. Kaufpreise spiegeln den Unternehmenswert zusammen mit der sorgsamen Unternehmensplanung, die glaubwürdig vertreten werden muss, wider. Dabei liefert ein Interim Manager wertvollen Input mit dem Wissen, worauf Käufer achten, welche Fragen sie stellen und wie ein entsprechend fundiertes Zahlenwerk aufzubereiten ist.

Kauf

Auch im Fall eines Kaufs von Unternehmensteilen oder einer Unternehmenseinheit steht ein Management oft vor zahlreichen ungelösten Fragen. Neben dem laufenden Tagesgeschäft gilt es, umfangreiche Analysen hinsichtlich Bewertung, Marktsituation, Synergien und Eingliederungsprozessen vorzunehmen. Da der Unternehmenskauf und die Eingliederung einen zeitlich begrenzten Prozess darstellen, kann hier von außen mit einem Interim Manager entsprechendes Fach- und Markt-Know-how eingebracht werden.

Eingliederung

Bei einem Kauf oder auch bei Joint Ventures geht es darum, verschiedene Unternehmenskulturen zusammenzufügen, die betroffenen Mitarbeiter zu motivieren, Prozesse abzugleichen und Synergien zu realisieren. Dazu ist hohe Teamfähigkeit notwendig, klares Durchsetzungsvermögen und relevante Erfahrung aus vergleichbaren Situationen. Als Externer verfügt ein Interim Manager über verschiedene Vorteile: Er hat keine eigenen Karriereüberlegungen, geht neutral auf beide Seiten und Unternehmenskulturen zu und gehört weder zum vermeintlichen Gewinner- noch zum Verlierer-team. Entsprechend den Integrationsvorgaben kann er sachlich mit Fingerspitzengefühl, aber auch der notwendigen Härte die Ein-gliederung der betroffenen Teile zu einem Erfolg führen.

Börsengang, IPO-Vorbereitung

Der Gang an die Börse erfordert umfangreiche Vorbereitungen und ist für zahlreiche mittelständische Unternehmen eine einmali-ge Situation, für die meist entsprechendes Referenzwissen fehlt. Hier hilft ein Interim Manager, das Berichtswesen anzupassen, die Positionierung im Markt und zu Wettbewerbern zu klären, die Kommunikationsstrategie festzulegen und die Firma auf die neuen externen Anforderungen, die mit dem Börsengang verbunden sind, vorzubereiten.

Beispiel: ────────────────────────

Börsengang der Infineon AG

Der frühere Unternehmensbereich der Siemens AG wurde aus-gegründet und bereitete seinen Börsengang nach amerikani-schem GAAP-Standard vor. Die Umstellung machte es nötig, die Jahresabschlüsse der vergangenen sechs Jahre rückwir-kend auf eine fiktive Stand-alone-Situation zu projizieren und amerikanische Bewertungs- und Buchhaltungsprinzipien anzu-legen. Der Interim Manager, ein gestandener Controller mit Er-fahrung in US-Tochtergesellschaften, verstärkte das Team aus namhaften externen Beratern und Infineon-Mitarbeitern.

Quelle: ZMM Zeitmanager München GmbH.

Standorte, Geschäftsbereiche, Märkte schließen, zusammenlegen oder neu aufbauen

Im Rahmen der Expansion eines Unternehmens gilt es, neue Märkte ins Visier zu nehmen. Um teures Lehrgeld und Zeitverluste zu vermeiden, wird ein Fachmann gebraucht, der die lokalen Strukturen kennt, Kontakte zu potenziellen Auftraggebern hat und den Markt aus eigener Erfahrung einschätzen kann. Ähnliche Aufgabenstellungen ergeben sich bei dem Aufbau neuer Geschäftsbereiche, wo vergleichbare Fragestellungen zum Tragen kommen. Im Rahmen einer kritischen Portfolioüberprüfung muss entschieden werden, Standorte und Geschäftsbereiche zu schließen oder Märkte aufzugeben. Hier heißt es, Risiken zu begrenzen und eine konsequente, aber professionelle und sozialverträgliche Lösung zu finden. Kunden und Mitarbeiter müssen fair behandelt werden, es kann jedoch zu brenzligen Situationen kommen, wo Wissen und Erfahrung aus vergleichbaren Projekten hilfreich sind. Häufig soll der endgültige Abbruch der Beziehung vermieden werden, man will keine verbrannte Erde zurücklassen und mit Kunden weiterhin Kontakte pflegen, oder möglicherweise zu einem späteren Zeitpunkt wieder den Markt bearbeiten.

Beispiel:

Aufbau des neuen Geschäftsfelds Callcenter für ein Versorgungsunternehmen

Im Zuge einer Diversifizierungsstrategie erschloss ein EVU des E.ON-Konzerns neue Geschäftsfelder und Arbeitsplätze. Eines der neuen Wachstumsfelder war ein Callcenter. Ein Zeitmanager mit Callcenter-Erfahrung half mit, das Projekt vom Blueprint bis zum Ende des ersten operativen Geschäftsjahres zu führen. Schon nach einem halben Jahr wurden die Geschäftspläne so stark übertroffen, dass zur Unterbringung zusätzlicher Mitarbeiter Bürocontainer angemietet werden mussten.

Quelle: ZMM Zeitmanager München GmbH.

Eine zukunftsweisende Chance für Unternehmen

Da es sich um ein zeitlich begrenztes Projekt handelt und ein interner Manager stärker dem Markt und den Mitarbeitern verbunden ist, wird ein externer Manager die Aufgabe mit kühlem Kopf zu einem erfolgreichen Abschluss bringen.

Joint Ventures

Bei der Gründung von Joint Ventures gilt es, sowohl die eigenen Interessen im Blick zu behalten als auch die an dem Vorhaben Beteiligten mit ihren Überlegungen und Argumenten einzubeziehen. Während der Vertragsverhandlungen sollten vergleichbare Erfahrungen mit einfließen, um eine Idee mit Leben zu erfüllen und die vertraglich relevanten Aspekte auszuhandeln, aber auch verschiedene Szenarien für das Scheitern zu regeln. Die Aufgabenstellung ist fest umrissen: Das Know-how für die Gründung und Verhandlung eines Joint Ventures unterscheidet sich von den Anforderungen des Managements eines solchen Unternehmens und erfordert einen Fachmann.

Umsetzung von Beratungskonzepten

Wurde ein Unternehmensberater engagiert, so sind nach Projektabschluss zahlreiche Projektberichte vorhanden, die umgesetzt werden müssen. Um zu vermeiden, dass (wie so oft) die Konzepte und Empfehlungen in den Schubladen verschwinden, muss die Implementierungsphase konsequent organisiert werden. Die Unternehmensberatung ist meist zu teuer, um sie während der gesamten Umsetzungszeit an Bord zu halten, deshalb sollte ein Projektmanager in die Verantwortung genommen werden. Bei begrenzten internen Kapazitäten können hier Interim Manager eingreifen, da sie handlungs- und umsetzungsorientiert arbeiten und Erfahrungen für diese Konstellationen mitbringen.

Optimierung von Bereichen und Funktionen, Neuausrichtung von Produktion, Vertrieb/Marketing, Rechnungswesen

In einigen mittelständischen Unternehmen fehlt es an finanzwirtschaftlichen Steuerungs- und Lenkungsinstrumenten. Ein erfahrener Manager kann hier eine maßgerechte Lösung erarbeiten, die Unternehmensplanung, Deckungsbeitragsrechnung, entscheidungsorientierte Berichtssysteme oder Prozesskostenrechnung beinhalten kann. Aber auch Risikomanagement-Systeme oder Balanced Scorecard-Steuerungssysteme mögen je nach Branche und Unternehmen ein Thema sein.

Qualitätsmanagement

Die Zertifizierung eines Betriebes oder Produktionsprozesses nach Din ISO 9000 ist ein meist einmaliges Geschehen. Hier ist es wichtig, diesen Ablauf zu kennen und die Knackpunkte zu sehen. Ähnlich ist es auch mit Qualitätsmanagement-Themen: Ein Interim Manager kann auf Grund seiner Erfahrung in vergleichbaren Unternehmen zielstrebig den Verbesserungsprozess einleiten und zum Erfolg bringen.

IT-Neueinführung

Bei der Umstellung der Systeme oder der Software sollte ein Spezialist hinzugezogen werden, der die neue EDV kennt und den Prozess der Einführung begleiten kann. Zumeist handelt es sich um ein zeitlich begrenztes Projekt, bei dem von der Anbindung an die neue IT-Landschaft bis hin zur Schulung und Implementierung in die vorhandenen Abläufe zahlreiche Phasen zu definieren und Schnittstellen zu berücksichtigen sind. Ein erfahrener Interim Manager ermöglicht es, Fehlentscheidungen zu vermeiden und Ressourcen bedarfsgerecht einzusetzen.

Coaching

Der Coaching-Aspekt (Unterstützung und Förderung der Mitarbeiter und Führungskräfte des Unternehmens) ist häufig Bestandteil eines Interim-Auftrags. Je nach Zuschnitt des Projektes kann der Schwerpunkt auf dem operativen oder dem unterstützenden Teil liegen, weshalb manchmal auch die Unterscheidung in Interim Manager Executive und Interim Management Councellor vorgenommen wird. Ursprünglich wird als Coach derjenige bezeichnet, der auf einer Kutsche die Pferde lenkt. Vom Sport in die Unternehmenswelt übernommen, steht beim Coaching die Vermittlung von Kenntnissen nicht im Vordergrund. Sein Hauptaugenmerk legt der Coach darauf, dass der Kunde einen eigenen Standort bestimmt und mit seiner Hilfe Lösungswege entwickelt werden. Dabei ist es nicht die Rolle des Coach, Lösungen anzubieten, sondern mit dem Klienten Ursachen der Probleme zu analysieren und Alternativen zu erarbeiten. Es handelt sich dabei um eine Form der Hilfe zur Selbsthilfe, bei der sich ein Coach eines Tages überflüssig macht.

Generationswechsel

Steht in einem Unternehmen der Generationswechsel an, wird ein vertrauensvoller und erfahrener Sparringpartner die adäquate Lösung für die Betroffenen und das Unternehmen finden und implementieren. Vielleicht setzt sich der bisherige Inhaber mit dem Thema Nachfolge erstmals auseinander; für ihn kann der Interim Manager ein einfühlsamer und kompetenter Gesprächspartner bei der Überprüfung der verschiedenen Optionen sein – interner, externer, familieneigener Nachfolger bis hin zu Delegation, Führung und Unternehmensstrategie. Der passende Nachfolger muss gesucht und gefunden sowie eine Übergangszeit definiert werden. Hier bereitet der Interim Manager mit entsprechender Erfahrung im Rahmen eines begleitenden Coachings die Führungskräfte auf ihre neue Position vor.

Begleitung von Führungskräften

Auf Grund seiner eigentlichen Projekt- oder Managementtätigkeit wird der Interim Manager Coachingaufgaben übernehmen und die Teammitglieder nach ihren Fähigkeiten und Bedürfnissen fordern und fördern. Ebenso sollte er als Coach ein Team verstärken, um bei Situationen mit Konfliktpotenzial (zum Beispiel eine Fusion) die Veränderungen voranzutreiben.

Beispiel:

Coaching bei Übernahme der kaufmännischen Leitung eines Verbandes

In einem großen bundesweit tätigen Verband wird im Zuge von Rationalisierungsmaßnahmen dem Leiter Verwaltung und Personal, einem Juristen, zusätzlich die kaufmännische Leitung übertragen. Um ihm die Möglichkeit zu geben, sich in diesen Bereich einzuarbeiten, wird ihm für einige Monate ein Manager der AC Alpha Management als Coach und Interim Manager an die Seite gestellt.

Quelle: AC Alpha Management GmbH.

Teamunterstützung

In der Rolle eines Mentors kann der Interim Manager eine Führungsgruppe oder ein Team unterstützen. Dabei bringt er sein spezifisches Wissen ein und unterbreitet Beispiele einer best-practice-Erfahrung (vorbildliche Referenzerfahrungen) oder relevante Benchmarks (Zielgrößen). Ebenso wird er je nach individuellem Bedarf allgemeine Managementtechniken, -stile und -fähigkeiten diskutieren und einführen.

Eine zukunftsweisende Chance für Unternehmen

Change Management

In verschiedensten Veränderungsprozessen sollte ein gestandener Praktiker als Moderator und Motivator genutzt werden. Auf Grund seiner Erfahrung kann er wertvollen Input geben, da er zuvor vergleichbare Situationen gemeistert hat.

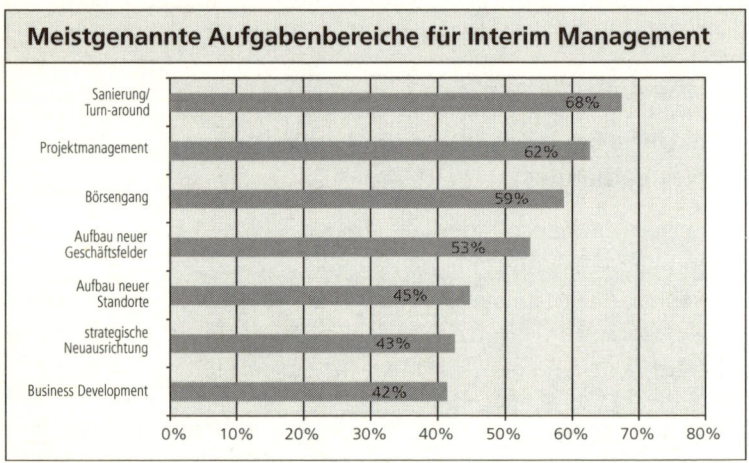

Quelle: Handelshochschule Leipzig/Management Angels GmbH, Interimsmanagement Report 2001, Leipzig 2001, S. 6.

Der eigentliche Handlungsplan entwickelt sich in den ersten Wochen. Trotz der Definition des Kunden wird der Interim Manager die Situation anders gewichten und einschätzen. Oft handelt es sich nicht nur um die Überbrückung einer Vakanz, sondern auch um die Behebung eines Qualitätsproblems. So sind meist mehrere Aufgabenbereiche zu bearbeiten: Probleme in den Bereichen Qualität, Ablaufprozess, Profitabilität, Kostensenkung, Umsatzsteigerung, Mitarbeiterqualifizierung, Personalreduktion.

Die Analyse der Projekte des letzten Jahres ergibt für den Interim Management-Provider Ludwig Heuse GmbH, dass 26 Prozent der Aufträge Überbrückung von nicht besetzten Positionen betrifft. Mit jeweils 19 Prozent folgen Projektmanagement wie beispiels-

www.metropolitan.de

weise eine Produkteinführung und Coaching. Weitere Aufgaben-stellungen beim Einsatz von Interim Managern sind mit 16 Prozent Restrukturierungen und mit acht Prozent Eigentümerwechsel/Mergers & Acquisitions, sonstige Themen betreffen zwölf Prozent der Projekte.

Zeiteinsatz

Die zeitliche Gestaltung ist von der jeweiligen Situation abhängig und lässt sich bedarfsgerecht anpassen. In der Regel ist Interim Management ein Fulltimejob, der nach einer gewissen Laufzeit auf Part-time, zum Beispiel einige Tage oder Stunden pro Woche, reduziert werden kann.

Ebenso hat die Einsatzdauer eine flexible Spannweite: Kurzeinsätze betragen bis zu drei Monate, typisch sind sechs bis neun Monate, aber es können sich auch Situationen ergeben, bei denen der Einsatz ein Jahr oder länger dauert.

In einigen Fällen ergibt sich die Übernahme in eine Festanstellung. Interim Manager und Unternehmer haben sich kennen und schätzen gelernt, so dass aus dem Zeiteinsatz ein dauerhaftes Engagement wird. Meistens jedoch wird im Unternehmen nach Abschluss der Aufgabe ein anderes Managerprofil benötigt. Eine Untersuchung der Firma Imcor in den USA[23] ergab, dass 30 Prozent der Aufträge auf Zeit in eine feste Anstellung umgewandelt werden.

Somit kann Interim Management auch die Brücke zurück in ein dauerhaftes Arbeitsverhältnis sein. Im deutschen Markt ist der Anteil derer, die von den Unternehmen ein Angebot auf Festeinstellung erhalten, ähnlich hoch, jedoch bleiben die meisten Interim Manager mit Überzeugung in ihrer Selbstständigkeit. Die deutschen Vermittler sprechen von etwa 15 Prozent ihrer vermittelten Interim Manager, die sie jährlich an Unternehmen „verlieren".

5. Interim Management als effiziente Lösung für Management-Buy-In und Unternehmensnachfolge

Mehrere hunderttausend Firmen in Deutschland suchen einen Nachfolger. So gab 1998 das Institut für Mittelstandsforschung in Köln eine Zahl von 60 000 Unternehmen an, das Institut der deutschen Wirtschaft (IdW) spricht von 400 000 Unternehmen, in denen eine Nachfolgeregelung bis zum Jahr 2005 ansteht. In der Praxis bleiben 43 Prozent der Betriebe in der Familie, 12 Prozent werden von leitenden Mitarbeitern übernommen (Management-Buy-Out-Lösung), 27 Prozent sind zum jetzigen Zeitpunkt ungeklärt, und 17 Prozent finden externe Nachfolger. Nimmt man die Zahl von 60 000 Unternehmen an, entfallen nur 10 000 Fälle auf Management-Buy-In (MBI). Darunter sind Firmen aller Größenklassen sowie viele kleine Handwerksbetriebe und Gaststätten.

Familienmitglieder kommen oft auf Grund mangelnden Interesses oder Qualifikation als Nachfolger nicht in Betracht. Durch Management-Buy-Out (MBO) kaufen angestellte Führungskräfte Teile oder Anteile des Unternehmens und werden somit zu Mitgesellschaftern oder übernehmen das gesamte Unternehmen. Beim Management-Buy-In (MBI) erwirbt ein externer Manager bzw. ein Management-Team die Firma teilweise oder ganz. Das Risiko für den Altgesellschafter liegt auf der Hand, wenn der Externe zu wenig Wissen über die Branche, interne Strukturen und Zustand des Unternehmens mitbringt. Hier bietet Interim Management eine geeignete Chance für beide Seiten, um sich zu prüfen.

Gerade im Mittelstand überwiegt die Suche nach einer adäquaten, oftmals nicht auf dem höchsten Verkaufspreis basierenden Lösung; die langfristige Erhaltung des Unternehmens, der Arbeitsplätze und oft auch eines Lebenswerks sind ausschlaggebend. So bewies im letzten Jahr eine Studie der Zeitschrift Finance in Zusammenarbeit mit der Deutschen Beteiligungsgesellschaft und dem FAZ-Institut, dass in 54 Prozent der untersuchten Firmen der gewählte Investor beim Unternehmensverkauf nicht derjenige mit dem höchsten Preisangebot war: Bei 71 Prozent gaben das Gesamtkonzept und die Strategie des Interessenten den Ausschlag. In 43 Prozent der Fälle zeigte sich die Aussicht auf eine familieneigene Lösung zur Nachfolgeregelung.[24]

Von der Solidität des in Erwägung gezogenen Nachfolgers kann sich ein mittelständischer Eigentümer im Rahmen des Interim Managements ein Bild machen, um dann vielleicht eine MBO-/MBI-Lösung zu wählen. Bei den Verkaufsverhandlungen zeigt sich immer wieder, dass Eigentümer meist stark emotional mit ihrem Unternehmen verbunden sind und somit erst einmal eine Basis des gemeinsamen Vertrauens gefunden werden muss.

Kommt ein Interim Manager als Käufer in Betracht, wird er grundsätzlich den Kaufpreis mit Eigenkapital und Fremdmitteln über Bankdarlehen aufbringen.

Laut der Statistik des Bundesverbandes der Kapitalgesellschaften in Berlin[25] gab es in den letzten Jahren in Deutschland zehn bis 20 MBI-Übernahmen.

Per 30. September 2002 beliefen sich die Bruttoinvestitionen der Finanzinvestoren auf 1,7 Mrd. EUR, davon MBO-Fälle mit einem Volumen von 102 Mio. EUR und acht MBI-Unternehmen mit 23 Mio. EUR.

Dabei ist die Nachfrage groß, viele Manager sind auf der Suche nach einem passenden Angebot. Im Gegensatz zu einem langjährigen Unternehmensaufbau bei Eigengründung bietet die Unternehmensübernahme den direkten Einstieg in ein etabliertes Geschäft. Leider ist für Unternehmensverkäufer ein MBI eher die letzte der in Betracht gezogenen Möglichkeiten: Zeitaufwendig wird von Unternehmensmaklern, Mergers & Acquisitions-Häusern mit vermeintlich finanzkräftigen Unternehmen oder Käufern verhandelt, aber die MBI-Lösung kaum erwogen. Diese wird häufig erst nach einer langen Phase der Verhandlungen in Betracht gezogen – wenn das Unternehmen oft schon marode ist, die finanziellen Reserven aufgebraucht sind und ein Sanierer oder Liquidator den letzten Ausweg darstellt.

Eigentümer und Unternehmer tun sich in der deutschen Wirtschaftskultur eher schwer, sich von ihrer Firma zu trennen oder frühzeitig eine Nachfolgeregelung einzuleiten. Es gibt Beispiele von Unternehmern, die im Alter von 70 und 80 Jahren noch voll im Management aktiv sind, aber auch dann noch nicht den Nachfolger bestimmt haben.

Das ist die Chance für Interim Manager! In der Regel haben sie langjährige Branchen- und Linienerfahrung vorzuweisen, sind kompetente Persönlichkeiten und bereit zur Lösung der vielfältigen Aufgaben. Von einem zeitlich begrenzten Interim Management-Einsatz können beide Seiten – Manager und Eigentümer – profitieren: Der Manager verschafft sich vor Ort einen Eindruck über die Situation des Unternehmens. Der Unternehmer kann in Ruhe den potenziellen Nachfolger unter die Lupe nehmen und seine Arbeitsweise kennen lernen. Er verschafft sich damit die Sicherheit, dass sein Unternehmen kompetent und vertrauenswürdig weitergeführt werden wird – durch den, den er in Monaten der Zusammenarbeit kennen und schätzen gelernt hat, den Interim Manager!

Leistungsprofil eines geeigneten Interim Managers

4

1. Beruflicher und privater Background

Im Allgemeinen haben Interim Manager umfassende Linienerfahrung gesammelt und befinden sich in einem Alter, in dem sie für sich persönlich einen beruflichen Richtungswechsel vornehmen wollen. Sie sind in der Regel finanziell und mental unabhängig – das Haus ist abbezahlt, die Kinder sind auf den Weg gebracht und die Altersvorsorge unter Dach und Fach –, haben Amt und Würden erworben und suchen nun eine neue Herausforderung. In der überwiegenden Zahl der Fälle werden Interim Manager unterhalb ihrer letzten Position eingesetzt, haben aber damit keinerlei Probleme; „overkill by overskill" nennen dies Clutterbuck und Dearlove in ihrem Buch „The Interim Manager".

„Prototypische" Interim Manager

- Führungskräfte, die einen hohen Karrierelevel erreicht haben; meist durch einen beruflichen Wendepunkt hervorgerufen, wollen sie sich umorientieren und sehen Interim Management als geeignete Form ihrer beruflichen Weiterentwicklung;

- Manager, die einen spezifischen Lebensstil anstreben, in dem sie Autonomie mit der Freiheit, spannende Aufgabenstellungen und Projekte zu finden, verbinden können;

- „Golden Parachuters", die mit einer Abfindung aus einem Unternehmen ausgeschieden sind und sich nun ihre Aufgaben selbst aussuchen;

- Spezialisten mit einem so hohem Niveau, dass ihr Knowhow kaum von einem Unternehmen bezahlt würde;

- unabhängige Berater, die als eine ihrer Dienstleistungen Interim Management anbieten;

- Ruheständler, die sich wieder aktiv engagieren möchten.

www.metropolitan.de

Interim Manager steigen direkt in eine Managementfunktion ein und arbeiten ad hoc effektiv und effizient. Im Rahmen der Sozialkompetenz übernehmen sie auch Aufgaben wie Coaching und Förderung von Mitarbeitern. Die lange Lernkurve jüngerer Kollegen haben sie absolviert. Sie sind auf der Höhe ihrer Schaffenskraft.

Ein Treffen von 230 Interim Managern in Kronberg i. T. im Jahr 2001, organisiert vom Interim Management-Provider Ludwig Heuse GmbH, ergab das typische Profil eines Interim Managers: Altersdurchschnitt 53 Jahre, seit fünf Jahren im Interim Management tätig, persönliche Auslastung von 70 Prozent über das Jahr hinweg. Frauen sind bisher in der Minderheit, werden aber ebenso wie ihre männlichen Kollegen als Interim Manager eingesetzt.

Interim Management ist nicht das Ausfüllen einer Beschäftigungslücke „in between two jobs", während man eigentlich auf die nächste Anstellung wartet. Die meisten Interim Manager sind über eine Umbruchsituation an diese Aufgabe gekommen, wenige haben sich das Berufsfeld systematisch gesucht. Nach einer Studie von Russam GMS Ltd.[26] entschieden sich etwa 30 Prozent der Befragten bewusst für die Selbstständigkeit, um unabhängig zu sein, 34 Prozent wählten nach Freistellung und Personalabbau diese Aufgabe, 30 Prozent gaben andere Gründe an. Einmal auf diesem Weg, begeistern sich die meisten dafür: Sie sind die Arbeitsnomaden der heutigen Zeit. Wechselnde Arbeitgeber, immer neue, spannende Projekte können zur „Sucht" werden, so dass sich nur zehn bis 20 Prozent der Interim Manager vorstellen können, wieder im Angestelltenverhältnis einem regulären Job nachzugehen.

2. Berufserfahrung und Alter

Interim Management bietet die Möglichkeit, gestandene Persönlichkeiten zu engagieren, die unabhängig vom Unternehmen sind, aber mit großer Motivation ihr Know-how einbringen. Zu ihrem

Credo gehören Loyalität und Einsatzbereitschaft gegenüber dem Auftraggeber.

Diese Manager kommen aus verschiedenen Sparten und haben meist in Führungspositionen gearbeitet. Die Hierarchiestufen, in denen Interim Manager ursprünglich tätig waren, sind: Geschäftsführer, Direktor, Projektmanager, Senior Executive.

Eine Berufserfahrung von über 15 bis 20 Jahre, davon mindestens zehn Jahre Linienmanagement, ist üblich. Hier kommt es aber auf den individuellen Lebenslauf an, das Profil verjüngt sich durch Manager aus der New Economy und anderen Bereichen.

Die Mehrzahl der Interim Manager hat einen wirtschaftswissenschaftlichen oder Ingenieur-Hintergrund und sowohl durch Studium als auch im praktischen Bereich Know-how erworben. Dabei überwiegt die akademische Ausbildung.

So zeigte sich bei dem erwähnten überregionalen Interim Manager-Treffen 2001 in Kronberg, dass 75 Prozent der Teilnehmer Erfahrung auf der ersten Führungsebene und zwei Drittel einen Universitätsabschluss oder eine Promotion hatten.

Im Rahmen ihrer letzten Position im Angestelltenverhältnis haben Interim Manager ein hohes Gehaltsniveau erreicht, meist im sechsstelligen Einkommensbereich, und bereits für ihre Altersvorsorge Vorkehrungen getroffen. Aus diesem Grund werden sie in einer Selbstständigkeit auch Zeiten ohne honorierte Aufträge überbrücken können.

Wie Berichte aus den USA zeigen, muss jedoch auf Grund schwankender Aktienmärkte der ein oder andere Manager, der sich bereits auf dem Rückzug befand oder sehr selektiv Aufträge annahm, seine Strategie überprüfen und wieder zurück an die Geschäftsfront.

Altersstruktur

Interim Management galt bisher als die Domäne der Führungskräfte mit 50 Jahren oder mehr. Durch Outplacement und Kündigungen im großen Stil, hervorgerufen durch die wirtschaftliche Lage und veränderte Konzernpolitik, interessieren sich nun auch immer mehr Jüngere für den Beruf des Krisenmanagers.

Bei der Befragung der Handelshochschule Leipzig kam es zu keinem eindeutigen Ergebnis: 54 Prozent der Unternehmen meinten, dass es kein optimales Alter gibt. Diejenigen, die das Alter als wichtigen Faktor betrachten, gaben zu 92 Prozent an, ein Interim Manager solle zwischen 30 bis 50 Jahren sein, nur vier Prozent fanden, er müsse über 50 sein. Beim Treffen in Königstein gliederte sich die Altersstruktur folgendermaßen: 75 Prozent über 50 Jahre, 25 Prozent unter 40, ein Drittel der Befragten in der Altersgruppe 56 bis 60 Jahre. Dies ist mit der Altersstruktur der Pools bei den Vermittlern vergleichbar.[27]

Gerade die Älteren, die häufig eine beachtliche Karriere vorweisen, bringen zahlreiche Vorteile für die Unternehmen mit:

- Umfassende Berufserfahrung,

- neue Energien, Ideen, Visionen,

- ein fachliches und soziales Netzwerk,

- gutes Beurteilungsvermögen von Menschen und Situationen,

- Flexibilität,

- Unabhängigkeit,

- Mobilität und Aufgeschlossenheit gegenüber allem Neuen,

- geordnete Familienphase (Hausbau getätigt, Familiensituation geklärt, Altersvorsorge getroffen).

Eine Studie der Cranfield School of Management[28] untersuchte die Führungskompetenz von 1 250 Managern und fand heraus, dass die älteren Teilnehmer deutlich besser beurteilt wurden als jüngere. Die besten Ergebnisse erzielten Manager im Alter von 46 bis 55 Jahren mit 16 bis 25 Jahren Berufserfahrung. Probanden zwischen 26 und 35 schnitten im Vergleich am schlechtesten ab. Die Älteren stehen eher über den Dingen und sind von konfliktreichen und belastenden Situationen persönlich weniger betroffen. Ihre Erfahrung lässt sie die eigenen Fähigkeiten und die Grenzen eines Teams besser einschätzen, und sie zeigen ein hohes Maß an Toleranz und Kooperation, was sich positiv auf alternative Handlungsmöglichkeiten und Diskussionen auswirkt. Jüngere Manager neigen im Rahmen der Studie zu Ungeduld und überzogenen Anforderungen, was in den Teams kontraproduktive Reaktionen hervorruft. Zwar nehmen sie neues Wissen schneller auf, die Älteren haben aber die Möglichkeit, ganz andere Bezüge zu ihrem eigenen Wissenspool aufzubauen, rascher neue Faktoren einzuordnen und daraus entsprechende Schlüsse zu ziehen.

Eigene vermeintliche Wissenslücken werden problemlos geschlossen, denn die Leistungsfähigkeit nimmt bis zum 50. Lebensjahr zu, und kognitive Fähigkeiten und logisches Denkvermögen steigen bis zum 60. Lebensjahr. Gegenüber den jung-dynamischen Hoffnungsträgern haben die Älteren klar unter Beweis gestellt, dass es bei ihnen nicht um „selling hope" geht, sondern dass sie das, was sie versprechen, auch in konkrete Leistungen und Ergebnisse umsetzen werden. Die so genannten „alten Hasen" sind meist mit „allen Wassern gewaschen", kennen Branchentricks und können effektiv und effizient ihre Erfahrungen mit in neue Situationen und Projekte einbringen. Ihre ausgereifte Persönlichkeit und eine gewisse innere Freiheit und Unabhängigkeit machen sie zum gesuchten Sparringpartner.

Hier kommen Interim Manager ins Spiel: Sie haben Wertvolles mit- und einzubringen, sie durchschauen gewachsene Prozesse und Netzwerke in den Unternehmen, besitzen ein Gespür für notwendige Politik, aber verstehen es auch, unsinnige Querelen zu vermeiden. Ihre Erfahrungen können sie als Wissensvermittler und Coach an die Jüngeren weitergeben, sie müssen das Rad nicht mehr neu erfinden. Sie bringen ausgeprägte soziale Kompetenzen mit und besitzen gutes Selbstmanagement, was sich auf ihre Führung und auf das Team positiv auswirkt; sie verfügen über Leadership-Qualitäten. Mit der Position des Interim Managers sind – im Gegensatz zu fest angestellten Managern – keine Statussymbole wie Dienstwagen und Eckbüro verbunden oder Macht, die mit ihrer Funktion gekoppelt ist. Der externe Manager muss sich mit seiner Persönlichkeit durchsetzen und entsprechende Autorität aufbauen, indem er Glaubwürdigkeit ausstrahlt.

In der New Economy wurden Interim Manager mit vergleichbarem Alters- und Erfahrungshintergrund eingesetzt. Aber auch die Old Economy wird für junge Manager auf Zeit attraktiv. Die Situation mag sich reibungsloser gestalten, wenn Interim Manager und Kundenteam ähnlichen Altersgruppen angehören, doch es kann auch einen spannenden Ansporn bedeuten, hier verschiedene Aspekte von Alter, Erfahrung etc. zu mischen. Wichtig sind die relevante fachliche Kompetenz des Externen und seine Unterstützung durch den Auftraggeber.

3. Ein typisches Anforderungsprofil

Das Anforderungsprofil an einen Interim Manager ist vielseitig. Neben fachlichen Kriterien wird Wert auf analytische und konzeptionelle Fähigkeiten gelegt, aber auch die persönlichen und sozialen Aspekte müssen für einen Einsatz im Unternehmen geeignet sein. Gerade weil ein Interim Manager neben den klassischen Managementaufgaben meist auch noch Coachingaufgaben übernehmen sowie beraterähnliche Konzepte erstellen und implementieren muss, werden von ihm neben dem spezifischen Know-how auch umfassende Führungsqualitäten erwartet:

Checkliste: Anforderungsprofil eines Interim Managers

Fachliche Kriterien

- Berufserfahrung: in der Regel mindestens sieben Jahre, häufig mehr als 20 Jahre Managementpraxis;
- Erfahrung im Projekt- und möglichst im Interim Management;
- Erfahrung in verschiedenen Unternehmen;
- Branchenerfahrung;
- Führungsposition in einer Linienfunktion im Senior Management oder der Geschäftsleitung;
- Arbeit in Unternehmen verschiedener Größenklassen;
- analytische und konzeptionelle Fähigkeiten;
- schnelles Erfassen komplexer Probleme, um daraus Handlungs- und Lösungsvorschläge abzuleiten;
- Kombination von langfristigem strategischen Denken sowie kurzfristig messbaren Ergebnissen;
- Transfer von Kenntnissen an alle Arbeitsebenen;
- Bearbeitung von Details unter Beachtung des Ganzen;
- schnelles Sondieren interner Verhältnisse und spezifischer Problemstellungen;
- Berücksichtigung des Einflusses von Entscheidungen und Maßnahmen des Aufgabenbereichs auf andere Unternehmensteilen.

Persönliche Kriterien

- Mindestalter 35 Jahre;
- selbstständiges Handeln.

Soziale Kompetenzen

- Fähigkeit zur Motivation von Mitarbeitern;

Fortsetzung: Checkliste: Anforderungsprofil eines Interim Managers

- Gespür für politische Themen im Unternehmen sowie für die Unternehmenskultur;

- Empathie, Berücksichtigung der Interessen beteiligter und betroffener Mitarbeiter;

- Überzeugungskraft und aktive Einbindung von Mitarbeitern.

Weitere hilfreiche Erfahrungskomponenten

- SAP-Erfahrung;

- Erfahrungen bei Sanierungen, Abwicklung von Konkursen, Liquidationen, Produktionsverlagerungen und Werksschließungen;

- US/UK-GAAP;

- Erfahrung bei Börseneinführung, Kauf und Verkauf von Unternehmen sowie Due Diligence;

- Erfahrung in IT-Projektmanagement und Anlagenbau.

In den letzten Jahren haben sich die Anforderungen an Interim Manager weiterentwickelt:

Anforderungsprofile klassischer und moderner Interim Manager	
Klassischer Interim Manager	**Moderner Interim Manager**
Alter bis 45 Jahre	verschiedene Altersgruppen, gehobenes Erfahrungsniveau
männlich	Männer und Frauen
Vollzeiteinsatz	Einsatz entsprechend Kundenbedarf
ehemaliges Vorstandsmitglied	herausragende Erfahrungen und Fähigkeiten
Linienerfahrung, operativer Fokus	linienerfahrene Macher
letzte Station vor der Pensionierung oder nach Ausscheiden aus der Firma	attraktive Station im Rahmen einer Patchwork- oder Portfoliokarriere, Wechsel von Interim- und permanenten Jobphasen

Bei der Präsentation muss sich das Unternehmen klar sein, dass es einen Interim Manager nicht fest einstellen will und sollte somit nicht zu erstaunt sein, wenn sich ein Kandidat vorstellt, der eigentlich zu erfahren für die Position ist, zu alt, zu kantig oder nicht ganz in die Unternehmenskultur passt. Der Interim Manager sollte motiviert und fokussiert auf die Problemlösung, aber er muss nicht der ideale Unternehmenskandidat, der zweihundertprozentige Manager mit Stallgeruch des Hauses sein. Loyalität und Vertrauen sind für beide Seiten essenzielle Grundregeln.

Synergieeffekte nutzen

Da Interim Manager meist hierarchisch höhere Funktionen bekleiden, langjährige Branchenerfahrung mitbringen und verschiedene Unternehmen durchlaufen haben, sind sie ein Reservoir an Wissen. Hier sollte das Unternehmen die Aufgabenstellung so formulieren, dass nicht nur die akuten Probleme gelöst, sondern auch weitere Synergien wie das Coachen von Führungskräften, die Nutzung der Erfahrung für andere Projekte übertragen werden. Voraussetzung ist die klare Unterstützung des Interim Managers durch entsprechende Kompetenzen. Das Team sollte eng mit ihm zusammenarbeiten und diese Wissensquelle auf Zeit, wo immer möglich, anzapfen. Die Funktion des vorübergehend in das Unternehmen eingebundenen Interim Managers ist nicht als Bedrohung, sondern als Lösung, Unterstützung und Hilfe zur Selbsthilfe zu betrachten.

Vom Interim Manager wird das schnelle Erfassen der Situation erwartet: Wo liegt der Knackpunkt, was wird in dem Unternehmen „gespielt", denn es zeigt sich in der Regel, dass die tatsächliche Aufgabenstellung deutlich schwieriger ist als in der anfänglichen Projektbeschreibung niedergelegt. Der Externe sieht die Probleme und Lösungen klarer, er ist nicht betriebsblind, er stellt Dinge in Frage, kennt keine heiligen Kühe oder lieb gewordene Rücksichten und Gewohnheiten. Seine Aufgabe ist es, von Anfang an Führung zu übernehmen und die entsprechenden Signale ins Unternehmen zu geben. Er muss mögliche Hindernisse und Widerstände gegen Veränderungen überwinden, es liegt an ihm, schnelle und schwierige Entscheidungen zu treffen. Er verfügt über keine langen und persönlichen Bindungen an das Unternehmen und kann deshalb frei und unabhängig unliebsame Personalentscheidungen wie die Entlassung von Mitarbeitern, das Zusammenlegen von Funktionsbereichen usw. duchsetzen.

Der Fokus des Interim Managers liegt auf der Implementierung von Maßnahmen: Die Zeitallokation kann im Einzelfall völlig unterschiedlich sein, meist wird ein Drittel der Zeit mit Analyse und Konzeption verbracht, der Hauptteil dagegen liegt bei Umsetzung und Realisierung.

4. Honorar

Unternehmen haben den Vorteil, das Know-how gestandener Praktiker zu nutzen, kostspielige Beraterkonzepte zu vermeiden und eine direkt wirksame Unterstützung zu bekommen. Die Kosten sind überschaubar, es gibt keine langfristigen Verträge oder hohe Kostenblöcke. Tagessätze für Interim Manager rangieren zwischen 750 und 2500 EUR (siehe auch die Tabelle auf S. 148); Kurzeinsätze werden höher dotiert, längere Einsätze von mehr als zwei bis drei Monaten dagegen eher niedriger. Falls ein Vermittler involviert ist, erhält dieser etwa 20 – 35 Prozent des Tagessatzes, der dem Unternehmen fakturiert wird, die restlichen Prozent gehen an den Interim Manager. Bei langfristigen Einsätzen von mindestens zwei Jahren wird es für das Unternehmen meist günstiger, einen festen Arbeitsvertrag zu schließen. Grundsätzlich besteht die Möglichkeit, eine erfolgsabhängige Vergütung zu vereinbaren, dies ist jedoch relativ selten der Fall. Es ist schwierig, sich auf Referenzgrößen und Indikatoren zu einigen, die sich allein durch das Wirken des Interim Managers während seiner Anwesenheit verändern. Ebenso soll keine kontraproduktive Beeinflussung durch Zah-

len erfolgen, die zwar kurzfristige positive Veränderungen versprechen, aber möglicherweise gar nicht zum mittel- und langfristigen
Unternehmenserfolg beitragen.

Eine der Kenngrößen, an denen Interim Manager gemessen werden, ist beispielsweise eine Umsatzsteigerung oder die Reduzierung des Verlustes um einen gewissen Prozentsatz in einem vereinbarten Zeitraum. Der erfolgsabhängige Honoraranteil kann etwa
weitere 30 Prozent des dann meist niedriger angesetzten Tagessatzes ausmachen und stellt eine attraktive Zielgröße für den Interim
Manager dar.

Die Firma Management Angels GmbH, deren Interim Manager
und Kunden ein vergleichbar niedrigeres Altersprofil aufweisen,
gliedert ihre Aufträge nach Honoraren wie folgt auf:

40 Prozent der Mandate lagen bei Tagessätzen zwischen 905 und
1 250 EUR, bei 33 Prozent der Projekte wurden 650 – 950 EUR vereinbart, unterhalb von 650 EUR waren es acht Prozent der Fälle. Im
oberen Bereich zwischen 1 250 und 2 000 EUR pro Tag konnten 17
Prozent und oberhalb von 2 000 EUR etwa zwei Prozent der Inte-
rim-Aufträge abgeschlossen werden.

Die Höhe des Honorars richtet sich nach dem Qualifikationsan-
spruch, der Einsatzdauer und dem Verhandlungsgeschick der Parteien. Als Faustregel kann man das Bruttojahresgehalt einer vergleichbaren Position nehmen, etwa das Zwei- bis Dreifache
ansetzen und durch 200 Einsatztage teilen. Beispiel: Bruttojahresgehalt gleich 100 000 EUR x 2 : 200 = 1 000 EUR bzw. 1 500 EUR
Tagessatz.

Die einzelnen Vermittler bieten unterschiedliche Profile und damit
auch Tagessätze an. Die Umfrage der Handelshochschule Leipzig
ergab: Die befragten Unternehmen sehen für einen Interim Manager, der für neun Monate auf einer Position eingesetzt wird, die
mit 100 000 EUR bei einer Festanstellung dotiert wäre, folgende
Tagessätze als realistisch: 41 Prozent betrachten 750 EUR als ange-

messen, für 500 EUR plädieren 22 Prozent. Für 1 000 EUR stimmen 30 Prozent der Befragten und gerade einmal sieben Prozent sehen ein Honorar von 1 250 EUR als akzeptabel an.

Im Bereich Finanz- und Rechnungswesen wird Interim Management, von einigen Vermittlern auch als Interim Service-Leistung bezeichnet, für verschiedene Qualifikationsprofile vorgestellt. Das untere Ende der Tabelle überschneidet sich mit Kosten von Mitarbeitern der Zeitarbeit, beispielsweise für Bilanzbuchhalter. Einige Fachkräfte werden im Rahmen der Zeitarbeit angeboten, andere unter dem Begriff Interim Services. Interim Services-Kräfte verdienen etwa 30 – 40 Prozent mehr als vergleichbare Zeitarbeitskräfte, sind aber selbstständig tätig und werden von den Interim Service-Vermittlern auf der gleichen Basis wie Interim Manager vermittelt. Diese eher funktionsorientierten Service-Vermittler bieten im Interim-Bereich vom Buchhalter bis zum Leiter Rechnungswesen selbstständige Fach- und Führungskräfte an (für Positionen mit einem vergleichbaren Jahresbruttogehalt von 25 000 – 100 000 EUR). Somit sind sie im oberen Bereich Mitbewerber der eher generalistisch positionierten Interim Management-Vermittlungen.

Zur Festanstellung kommt es selten, da das Interimsprofil häufig mit der Lösung undankbarer Aufgaben wie Reduzierung der Belegschaft, Zusammenlegung von Standorten etc. einhergeht; für die darauf folgende Konsolidierungs- und Wachstumsphase wird dagegen ein anderes Managementprofil erstellt. Bei einer Festanstellung des Interim Managers verlangt der Vermittler nochmals ein Honorar entsprechend dem eines Personalberaters, also bis zu 30 Prozent des Jahresbruttogehalts.

Kostenvergleich

Der Charme einer Interimslösung sind die flexiblen Kosten: Der Einsatz ist sowohl in der Dauer bestimmbar als auch in der Intensität und damit finanziell interessant, obwohl der Interim Manager teurer ist als sein fest angestellter Kollege. Auf Jahresbasis müssen verschiedene Aspekte in Betracht gezogen werden:

Kostenvergleich: Fest angestellte Führungskräfte – Interim Manager – Unternehmensberater			
	Angestellte Führungskraft	Interim Manager	Unternehmens-berater
Tagessatz		Tagessatz 1 300 EUR plus Spesen	meist 50-100 % mehr als Interim Manager 2 000-2 600 EUR plus Spesen
Fixgehalt	100 000 EUR	–	–
Bonus	25 000 EUR	–	–
Rekrutierungskosten	Ca. 30 % = 33 000 EUR	keine	–
Lohnnebenkosten	Ca. 50 % = 50 000 EUR	–	–
Nebenkosten – Sign-up Costs, zum Beispiel Umzug – Pension – Krankenversicherung – Sozialversicherung – Feiertage – Urlaub – Training – Krankheit – Verwaltung – Dienstwagen – Sekretariat	X X X X X X X X X X X	– – – – – – – – – – –	– – – – – – – – – – –
Trennungskosten, Abfindung	X	keine	–
Kündigungsfrist	ca. 6 Monate	weniger als 1 Monat	–
Gesamtkosten*	142 %	100 %	
Gesamtnutzen*	100 %	131 %	

* Untersuchung für den britischen Markt 2002 durch Impact Executives.

Im Vergleich zum fest angestellten Manager ist der Interim Manager auf Grund seiner Tagessätze übers Jahr gesehen kostenaufwändiger, aber sein Einsatz kann bei Wegfall des Bedarfs kurzfristig beendet werden. Fällt die Entscheidung zugunsten der fest angestellten Führungskraft, müssen die Zeit- und Rekrutierungskosten beachtet werden. Hohe Trennungskosten entstehen, wenn das Projekt endet und kein Managementbedarf mehr für diesen

Bereich vorhanden ist. Vorzeitige Vertragsauflösungen von Managern führen meist zu hohen Abfindungen, eingeschränkt nur bei vorher zeitlich begrenzter Vertragsdauer. Ein Interim Manager arbeitet in der Regel rein aufgabenbezogen und leistungsorientiert, bei einem fest angestellten Manager fließt ein gewisser Teil der Arbeitszeit in politische Netzwerke etc. Erfahrungsgemäß wird ein Interim Manager innerhalb der ersten 14 Tage „voll effizient", während einem fest angestellten Manager die berühmten 100 Tage zugestanden werden.

In der Studie der Handelshochschule Leipzig sehen 90 Prozent der befragten Unternehmen Interim-Einsätze als effektive und effiziente Lösung. Die klare Abgrenzbarkeit der festen Tagessätze, die Steuerung über Einsatzdauer und -intensität machen die Attraktivität von Interim Management aus.

5. Einsatzdauer

Je nach Aufgabenstellung umfasst das Engagement wenige Tage bis hin zu zwei Jahren. Meist erfolgt ein Einsatz von mindestens drei Monaten, die durchschnittliche Projektdauer beträgt sechs bis neun Monate. Die Befragung der Vermittler ergab eine Dauer von sechs bis zwölf Monaten (siehe S. 148). Die Einsatzintensität ist individuell, meist sind es fünf Tage vor Ort, je nach Bedarf kann das Engagement aber auch flexibel mit zwei bis drei Tagen pro Woche gestaltet werden, bei coachingorientierten Themen bei einem Tag pro Woche oder alle 14 Tage.

Ein Achtstundentag ist eher die Ausnahme, die meisten Interim Manager berichten von zwölf bis 14 Stunden und einer entsprechenden 60- bis 80-Stunden-Woche. Dies erklärt auch, dass 81 Prozent der Interim Manager ihren Stresslevel als hoch einschätzen und nur 19 Prozent mit ihrer Arbeit einen niedrigen Stressfaktor verbinden.

Wie finde ich den passenden Interim Manager?

5

1. Suchstrategien

Neben den Personalberatern haben sich verschiedene Vermittler auf das Thema Interim Management spezialisiert. So kann das Unternehmen direkt mit einem Interim Manager ins Gespräch kommen oder einen Vermittler suchen, der den passenden Kandidaten vorstellt. Ebenso können die Interim Manager selbstständig akquirieren oder sich in so genannten Pools bei Vermittlern registrieren lassen und dann auf eine entsprechende Anfrage warten.

Unternehmen bevorzugen bei der Besetzung von Managementpositionen in 88 Prozent der Fälle persönliche Kontakte, dies bestätigt eine Umfrage der Handelshochschule Leipzig. Mehrfachnennungen waren möglich, so nannten 62 Prozent der befragten Manager Vermittler als geeignete Unterstützung. Anzeigen rangieren mit 28 Prozent, Stellenbörsen mit 22 Prozent vor Fachmessen, die acht Prozent der Befragten bevorzugen, um Manager zu rekrutieren.

2. Alte und neue Medien

Zeitungen

Bei der Suche nach einem Interim Manager besteht die Möglichkeit, Annoncen in den überregionalen Stellenteilen der Zeitungen (Frankfurter Allgemeine Zeitung, Handelsblatt, Süddeutsche Zeitung, Welt, Zeit) zu nutzen. Ein Blick in Zeitungen mit regionalem Schwerpunkt wie die Frankfurter Rundschau und die Süddeutsche Zeitung kann durchaus interessant sein. Je nach Branche bieten sich Fachzeitschriften an, die oft interessante Stellenanzeigen mit Branchenschwerpunkten oder speziellen Fachrichtungen (Neue Juristische Wochenschrift (NJW), Textilwirtschaft, Lebensmittelzeitung) veröffentlichen, ebenso Verbandsmitteilungen und Klubzeitschriften. Die Zeitschriften und Fachzeitschriften sind auch im Internet vertreten (beispielsweise www.faz.de/Stellenmarkt, www.jobs.zeit.de, www.lz-net.de). Im Stellenteil annoncieren sowohl Interim Manager als auch Interim Management-Vermittler; Anzeigen von Unternehmen, die nach Interim Managern suchen, sind nicht üblich.

Internet

Im Internet kann man über die Stichworteingabe verschiedene Interim Management-Anbieter finden. Die meisten haben eine eigene Homepage, auf der sie ihre Dienstleistungen und Referenzen beschreiben. Auch Einzelkämpfer präsentieren sich in diesem Medium.

Einer der Interim Management-Vermittler ist nur im Internet vertreten: www.flexmanager.de. Hier können Interim Manager anonym ihr Profil sowie Unternehmen anonym ihren Wunsch eingeben.

Zahlreiche Jobbörsen für Stellenangebote und Stellengesuche stehen im Internet. Adressen und Informationen über Firmen können abgerufen werden, Interim Manager können aber auch ihren Lebenslauf selbst anonym eingeben und sich bewerben. Für mittlere Funktionen gerade im Finanz- und Rechnungswesen finden sich Interim Management-Gesuche und Interim Management-Angebote. Unternehmen nutzen das Internet für Führungskräfte bisher selten, es ist eher eine Fundgrube für Personalberater. Obwohl Gesuche und Angebote von Interim Managern dort noch rar sind, lohnt es sich für Anbieter und Interessenten der Interim-Dienstleistung doch, in diese Datenbanken zu schauen.

Vereinigungen

In Deutschland gibt es bisher noch keinen Zusammenschluss der Interim Management-Vermittler oder der Interim Manager. Die

Diskussion auf einem Interim Management-Kongress in Frankfurt im Jahr 2002 wie auch im Rahmen dieses Buches durchgeführte Interviews zeigen, dass hierfür noch die treibende Kraft fehlt. Großbritannien und die Niederlande sind in dieser Hinsicht weiter, in beiden Ländern haben sich die Vermittler in einer Vereinigung zusammengeschlossen, ebenso gibt es eine Interessenvertretung der Interim Manager. Mit dem Wachstum des Interim-Marktes und einer Professionalisierung des Angebots ist es durchaus denkbar, dass sich auch in Deutschland entsprechende Vereinigungen, Zusammenschlüsse bzw. Berufsverbände bilden, um Qualitätsstandards einzuführen, Informationsarbeit zu leisten und die Interessen der Mitglieder wahrzunehmen.

Beraterverzeichnisse

In Beraterverzeichnissen wie in Beraterhandbüchern oder unter www.berater.de beispielsweise finden sich Hinweise auf Beratungsunternehmen sowie Einzelberater oder kleinere Partnerschaften, die sich auf Interim Management oder Turn-around-Aufgabenstellungen spezialisiert haben. Adressen und Informationen über Berater sind beim Bundesverband Deutscher Unternehmensberater (www.bdu.de) erhältlich oder im „Consulting Guide: Profile und Daten deutscher Unternehmensberater", der jährlich vom BranchenMedien Verlag aktualisiert wird.

3. Spezielle Rekrutierungsquellen

Freelancer

Zahlreiche Berater bieten als Freelancer ihre Dienstleistungen auf dem Markt an. Auf Grund der Restrukturierungen und des Downsizings der Unternehmen steigt die Anzahl der erfahrenen, gut ausgebildeten Fachleute, die vormals Angestellte bzw. Führungskräfte in Unternehmen waren. Galten Frühpensionierungen mit 60 eher als die Regel, wird die Altersgrenze mittlerweile permanent gesenkt. Freelancer offerieren als Selbstständige ihre Dienste mit dem Schwerpunkt Beratung oder Management. So gibt es einen großen Markt von Interim Managern, die selbstständig arbeiten und den Unternehmen direkt ihre Dienste anbieten.

Eine Schätzung ging 1996 davon aus, dass etwa die Hälfte der freigestellten Führungskräfte im Alter von 50 bis 60 Jahren wieder eine feste Anstellung findet. Dies ist in den letzten Jahren immer schwieriger geworden und wird es künftig bleiben. So erklärt sich auch die Zahl von Hummel,[29] dass in den alten Bundesländern von 1991 bis 1997 die Anzahl der stellenlosen Angestellten, die vor ihrer Arbeitslosigkeit einer gehobenen Tätigkeit nachgingen, um 33 Prozent auf 240 000 gestiegen ist. Die aktuelle Entwicklung wird diese Zahl noch signifikant erhöhen, da durch die Umstrukturierungen zahlreiche erfahrene Fach- und Führungskräfte freigesetzt wurden und werden. Damit liegt ein großes Erfahrungspotenzial brach, das sich als Freelancer, selbstständiger Berater, Interim Manager, Business Angel etc. einbringen kann. Diese Freelancer sind bei Interim Management-Vermittlern, über Referenzen, informelle Netzwerke oder durch Annoncen zu finden.

Interim Management-Partnerschaften

Häufig schließen sich mehrere Interim-Einzelkämpfer zu Partnerschaften oder im Rahmen einer GmbH zusammen. Sie arbeiten allein oder als Team. Der Verbund bietet den Vorteil eines gemeinsamen Back Office und damit die Möglichkeit, sich fachlich auszutauschen, zu unterstützen und zusammen Marketingaktivitäten zu entfalten. Die meisten Partnerschaften existieren für einen mittleren Zeitraum, da sie stark personenabhängig sind. Diese Firmen machen sich über Annoncen oder Beraterverzeichnisse bekannt. Sie nehmen keine Vermittlung von Interim Managern vor, sondern alle Partner oder Angestellte sind voll im operativen Interim Management-Geschäft eingebunden. Um ihr Engagement zu zeigen, sind diese Interim Manager gegebenenfalls zur Vereinbarung eines erfolgsabhängigen Honorarteils bereit. Sie akquirieren ihre Aufträge selbst und nehmen selten einen Vermittler in Anspruch.

Interim Management-Vermittler

Zwischen Unternehmen und Interim Managern haben sich Interim Management-Vermittler etabliert. Sie fungieren als Vermittler, Berater, Agent und bringen Angebot und Nachfrage zusammen. Die meisten akquirieren aktiv Unternehmensaufträge und neue Kandidaten für ihre Pools. Auf die Dienstleistungspalette der Interim Management-Vermittler wird gesondert in Kapitel 8 eingegangen.

Interim Management-Berater

Auf dem deutschen Markt empfiehlt sich eine Krefelder Firma, die für Unternehmen den passenden Interim Management-Vermittler sucht: www.executive-scout.de. Sie arbeitet schwerpunktmäßig mit einigen Vermittlern zusammen. Für die Unternehmen ist das Angebot kostenfrei, die Vermittler geben ein Teil ihres Honorars an den Interim Management-Berater ab, wenn dieser ein erfolgreiches Geschäft auf den Weg bringt.

Der Einsatz des Interim Managers – Procedere und Projektablauf

6

1. Ablauf eines Interim Management-Projektes

Bei der Entscheidung für einen Interim Manager lassen sich verschiedene Phasen zwischen Entscheidungsfindung, Suche und Projektablauf unterscheiden:[30]

Checkliste: Ablauf eines Interim Management-Projektes
■ Vorbereitung im Unternehmen
Briefing
Problemdefinition
Entscheidung für Interim Management
■ Informationsgespräch
Erfassung und Bewertung möglicher Anbieter/Vermittler
Verhandlung mit potenziellen Anbietern
Gespräche und Vergleich der Angebote
Interviews mit Kandidaten
Verwaltungs- und Vertragsfragen
Entscheidung für einen Interim Manager
■ Vorbereitung des Einsatzes
Abgrenzung der Befugnisse, Rechte und Pflichten
Organisatorische Einordnung und Einarbeitung des Interim Managers
Unternehmensinformation, Ansprechpartner, Team
Skizzieren des Ziels und eines vorläufigen Plans
■ Arbeitseinsatz des Interim Managers in den ersten vier Wochen
Bestandsaufnahme und Kurzanalyse
Einschätzung der Geschäftslage und des Teams durch den Interim Manager

Fortsetzung: Checkliste: Ablauf eines Interim Management-Projektes

Präsentation vor den Entscheidern – Situationsanalyse, Vorgehen, notwendige Schritte

Handlungsvorschläge, denen die Entscheider zustimmen müssen

Präsentation der Ausgangslage und des Veränderungsprogramms

- Erarbeitung von Meilensteinen

Detailplan für die nächste Zeit

Glaubwürdigkeit vertiefen und das Vertrauen der Mitarbeiter gewinnen

Leistungsträger bei den Mitarbeitern identifizieren und einbinden

Regelmäßige Berichterstattung

Implementierung

Erste Erfolge

Teambildung und -bindung

Meilensteine besprechen und würdigen

Regelmäßige Fortschrittsberichte

- Beendigung des Auftrags

Auswahl und gegebenenfalls Einarbeitung eines permanenten Nachfolgers

Definition des Projektendes und Ausscheiden des Interim Managers

Abschlusspräsentation

Bewertung des Projekterfolgs, Präsentation vor den Entscheidern

Verabschiedung

Verlassen des Unternehmens

2. Informationsgespräch

Interim Manager oder Interim Management-Vermittlungen vereinbaren in der Regel ein unverbindliches Gespräch mit dem Unternehmen. Dabei stellt sich die Interim-Seite mit ihren Dienstleistungen und Erfahrungen vor. Dann werden mit dem potenziellen Kunden Projektumfang, Bedarf und Ziele besprochen.

Auf Grund seiner Erfahrung macht der Interim Management-Vermittler einen Projektvorschlag, bietet eine externe Sichtweise des Problems und präsentiert geeignete Kandidaten, so dass das Unternehmen eine klare Entscheidungsbasis hat. Ist kein Vermittler eingeschaltet, so wird der interessierte Interim Management-Kandidat einen Projektvorschlag und ein Angebot machen. Auf dieser Grundlage kann der Vergleich zu alternativen Lösungen angestellt werden: Besetzung durch einen internen Kandidaten, Suche eines fest angestellten externen Managers, Einsatz eines Unternehmensberaters oder „Leben mit der Lücke". Bei allen Alternativen müssen Kosten, Zeitaufwand, Vor- und Nachteile gegeneinander abgewogen werden.

Wichtig ist es, auf Seiten des Unternehmens in einem ersten Gespräch die Ziele darzulegen und die relevanten Informationen zusammenzustellen:

Checkliste: Unternehmensziele
■ Unternehmen Beschreibung des Unternehmens kurze Unternehmensgeschichte Organisation, Produktprogramm, Standorte, Mitarbeiter Marktposition und Hauptwettbewerber Finanzkennzahlen

Fortsetzung: Checkliste: Unternehmensziele

- Interim Management-Einsatz

  Aufgabenbereich des Interim Management-Engagements

  Projekthintergrund: Wie kam es zur Entscheidung für einen Interim Manager?

  Business Case: Was sind die Aufgaben des Interim Manager-Einsatzes? Zeithorizont? Ziele? Wo genau ist der Ansatzpunkt des Interim Management-Auftrags im Unternehmen?

  Themen und Probleme, die im Rahmen des Einsatzes zu erarbeiten und zu lösen sind

  Positionierung in der Unternehmensstruktur

  Verantwortungsbereich und -umfang

  Einsatzort und -dauer

- Involviertes Team

  Schlüsselpersonen und Ansprechpartner

  Vorbereitung des Teams: Was wird dem Team über den Interim Management-Einsatz kommuniziert? Wie wird es eingebunden und vorbereitet?

  Klare Definition der Berichtslinie: An wen berichtet der Interim Manager?

- Endprodukt: Was soll nach Ablauf der Einsatzzeit des Interim Managers erreicht worden sein?

96 Prozent der Kunden legen Wert auf die schnelle Verfügbarkeit. Jedoch zeigt es sich in der Praxis, dass sich 68 Prozent der Unternehmen im Vorfeld etwa vier Wochen Zeit nehmen und nur 14 Prozent sofort eine Position besetzen. Interim Management-Ver-

mittlungen werben damit, dass sie innerhalb von zwei bis 14 Tagen geeignete Kandidaten präsentieren, die ad hoc beginnen können.

Für Unternehmer und Mitarbeiter bietet Interim Management den Vorteil und die Chance, schnelle und kompetente Hilfe zu erhalten, einen anderen Führungsstil zu erleben und in Diskussionen die eigene Lage klarer zu sehen. Der Unternehmer, aber auch die Mitarbeiter müssen sich überwinden und einem „Fremden", der die Unternehmenskultur nicht kennt, Verantwortung übertragen.

Interner Kritik wird vorgebaut, wenn die Mitarbeiter in die Auswahlentscheidung für einen Interim Manager mit einbezogen werden. So werden Ängste und Unsicherheiten abgebaut und Spekulationen und Gerüchte verhindert. Akzeptanz fördernde Maßnahmen von Seiten der Unternehmensleitung, dem Auftraggeber, gehören zu einem professionellen Einsatz. Den betroffenen Mitarbeitern sollte mitgeteilt werden, dass der Interim Manager die volle Unterstützung des Managements hat und in enger Abstimmung mit ihm tätig ist; auch die Gründe für seinen Einsatz sollten besprochen werden.[31] Häufig vermeiden es die Auftraggeber, klarzustellen, dass der neue Mitarbeiter ein Interim Manager ist und nur für eine begrenzte Zeit eingesetzt wird. Sie befürchten eine negative Reaktion bei den Kollegen auf diese Veränderung. Der Schaden einer schlechten Kommunikation ist in der Regel jedoch viel größer als ein rechtzeitig erfolgtes klares und offenes Gespräch.

3. Arbeitsphase

Im Rahmen einer ersten Bestandsaufnahme wird der Interim Manager Unterlagen und Finanzzahlen sichten sowie mit zahlreichen Mitarbeitern Gespräche führen. So erstellt er in den ersten drei bis fünf Arbeitstagen eine Kurzanalyse. Dadurch verschafft er sich ein eigenes Bild, ob das Briefing/die Aufgabenbeschreibung seitens des

Kunden mit seinem eigenen Eindruck übereinstimmt. Dem Auftraggeber präsentiert er ein vorläufiges Konzept mit seiner Einschätzung der Ausgangslage, den Handlungsalternativen und dem weiteren Vorgehen. Wichtig ist es, dass Auftraggeber und Interim Manager eine gemeinsame Zieldefinition haben und gemeinsam festlegen, was am Ende des Auftrags verändert und erreicht werden soll. Der Interim Manager wird die Ziele operationalisieren, das Vorgehen erläutern, den Zeitplan umreißen und konkrete Zwischenziele und Meilensteine definieren. Ebenso wird er darlegen, welche Unterstützung er dafür benötigt und wie er das Team einbindet.

Interim Manager haben keine Probezeit, sondern schon in den ersten Tagen gilt es vollen Einsatz zu zeigen, Verantwortung zu übernehmen, Entscheidungen zu treffen und diese zu implementieren. Das wichtigste Element ist die Einbindung und die Kommunikation mit den Mitarbeitern. Gerüchte und Unsicherheiten vermeidet, wer zu Beginn eine Teamsitzung oder Betriebsversammlung einberuft, um sich vorzustellen und die Aufgaben zu kommunizieren.

Während des Projektes ist der Interim Manager voll operativ tätig. Er wird in regelmäßigen Abschnitten seinen Auftraggeber über Projektfortschritte informieren und neue Entwicklungen und Vorgehensweisen besprechen. Häufig zeigt sich während des Einsatzes, dass der ursprüngliche Auftrag erweitert oder verändert werden muss, da sich unerwartete Probleme ergeben oder andere Aspekte sehr viel dringlicher erscheinen. Um das ursprüngliche Ziel nicht aus den Augen zu verlieren und nicht durch andere Aufgaben vereinnahmt zu werden, muss hier ein laufender Dialog stattfinden. Auch der Interim Management-Vermittler vermag einen wichtigen Beitrag zu leisten: Auf Grund der Kontakte zum Kunden und dem Interim Manager kann er die Aufgabenbeschreibung mit den Tätigkeitsberichten vergleichen und aktiv das Gespräch suchen, wenn er Differenzen sieht. Als neutraler Außenstehender hat er bei Schwierigkeiten zwischen Auftraggeber und Interim Manager zu vermitteln und eine Klärung herbeizuführen.

Zum gegebenen Zeitpunkt wird der Interim Manager seinen Ausstieg vorbereiten und vorschlagen, wer seine Aufgaben künftig übernehmen kann. Vor diesem Hintergrund soll er die internen Mitarbeiter entsprechend aufbauen und coachen oder bei der Suche und Einarbeitung eines Nachfolgers mitwirken.

4. Abschluss

Bei Beendigung des Einsatzes gibt der Interim Manager meist eine Präsentation seiner Arbeit und verfasst einen Abschlussbericht für den Auftraggeber. Zwar wird der Interim Manager relativ unauffällig gehen, aber die Anerkennung und die erfolgreiche Beendigung des Projektes sind für ihn notwendig, da er für seine berufliche Zukunft auf Referenzen von zufriedenen Auftraggebern angewiesen ist. Die Unternehmen halten sich in der Regel zurück und kommunizieren den Einsatz eines Interim Managers nicht öffentlich. Von vielen wird es immer noch als Manko angesehen, dass man aus eigenen Kräften eine Aufgabenstellung nicht lösen konnte. Dabei sollte es eher als Zeichen professionellen Managements gewertet werden, wenn adäquate Ressourcen zur Problemlösung rechtzeitig organisiert wurden.

Die Nutzung externer Unterstützung wird zunehmend selbstverständlich, was sich in den Kundenreferenzlisten der Interim Management-Vermittlungen abzeichnet. Vielleicht wird es im Interim Management-Bereich auch einmal ähnlich sein wie im Investmentbanking, wo die Unternehmen wie auch die beratenden Investmentbanken stolz Tombstones (Anzeigen in Zeitungen und Zeitschriften, die erfolgreich abgeschlossene Transaktionen darstellen) veröffentlichen und damit die Professionalisierung ihres Geschäftes unterstreichen.

Rechtliche und versicherungs-
technische Aspekte

7

1. Der Dienstvertrag: Inhalte und vertragliche Bindung

Einigen sich ein Unternehmen und ein Interim Manager über eine Zusammenarbeit, so kommt ein Vertrag zwischen beiden Parteien zustande. Es handelt sich in der Regel um einen Dienstvertrag (bei Unentgeltlichkeit Auftragsverhältnis). Das Gesetz verpflichtet in § 611 ff. BGB denjenigen Vertragspartner zur Leistung, der die Leistung der versprochenen Dienste zusagt, den anderen Vertragspartner zur Gewährung der vereinbarten Vergütung. Ein Werkvertrag gemäß § 631 ff. BGB wird nicht geschlossen, da der Interim Manager nur bei Tätigwerden für das Unternehmen schuldet und nicht – wie beim Werkvertrag vorausgesetzt – ein bestimmtes Ergebnis (Erfolg).

Wird ein Interim Management-Vermittler eingeschaltet, dann gibt es in der Regel zwei Vertragsverhältnisse: einen Dienstvertrag

- zwischen Interim Manager und Unternehmen sowie
- zwischen Interim Management-Vermittler und Interim Manager.

In diesem Fall kommt es zu keinem direkten Vertragsverhältnis zwischen Unternehmen und Interim Manager.

Je nach Tätigkeit kann es auf Grund der Aufgabe und der damit verbundenen Position (zum Beispiel eingetragener Geschäftsführer) zu gesellschaftsrechtlichen Verpflichtungen zwischen Interim Manager und dem Unternehmen (Kunden) direkt kommen.

Wird ein Interim Manager beauftragt, so hat er je nach Auftragsumfang und Einsatzebene unter Umständen die Leitungs- und Aufsichtsgremien des jeweiligen Unternehmens sowie den Aufsichtsrat zu informieren und deren Konsens einzuholen. Der Betriebsrat – sofern vorhanden – hat gegebenenfalls ein Informationsrecht.

www.metropolitan.de

Vertragsinhalt

Der Vertrag – entweder mit dem Interim Manager direkt oder einem Vermittler – sollte folgende Bestandteile haben (siehe auch im Anhang):

Checkliste: Vertragsinhalte

- Vertragsparteien
- Aufgabenbeschreibung
- Mitwirkungspflicht des Auftraggebers (Unternehmens)
- Berichtslinien (An wen berichtet der Interim Manager? Wer berichtet an ihn?)
- Einordnung in die Unternehmensorganisation und -hierarchie (Vertretungsmacht, Geschäftsführungsbefugnis)
- Weisungsbefugnis (Wem gegenüber hat der Interim Manager Weisungsbefugnis?)
- Laufzeit des Vertrags, Beginn und gegebenenfalls Ende (Kündigungsfrist und -gründe)
- Einsatzintensität (Wie viel Tage pro Woche?)
- Honorar und Spesen
- Haftungsfragen
- Geheimhaltung

Die aufgeführten Punkte können, müssen aber nicht alle Bestandteil des Vertrages sein. Beispielsweise wird oft auf die Nennung einer bestimmten Laufzeit oder auf die nähere Bestimmung der Einsatzintensität verzichtet, weil dies am Anfang des Projektes nicht absehbar ist.

Kündigungsfristen hängen meist von der Laufzeit des Projektes ab, bei kurzen Projekten anfangs täglich bzw. wöchentlich, üblich sind zwei bis vier Wochen. Eine Wettbewerbsklausel vermeidet, dass der Interim Manager nach dem Einsatz direkt zu einem Wettbewerber wechselt.

Rechtliche und versicherungstechnische Aspekte

Die in der Liste aufgeführten Punkte sollten bei Vertragsabschluss allerdings sorgfältig bedacht werden. Im Zweifel empfiehlt sich eine schriftliche Klärung des entsprechenden Punktes im Vertrag.

Zu den Rechten und Pflichten, die auch vertraglich aufgenommen werden können, gehören

- Verschwiegenheit

- Loyalität

- Treuepflicht

- Wettbewerbsverbot

- Karenzentschädigung

- Datenschutz

- Nutzung und/oder Kopieren von Unterlagen

Der Interim Manager hat gegenüber dem Unternehmen und gegebenenfalls auch gegenüber dem Interim Management-Vermittler regelmäßig Nachweise über seine Tätigkeit zu liefern. Deshalb sollte vertraglich auch berücksichtigt werden, dass er berechtigt ist, in Maßen Kopien der wesentlichen Unterlagen anzufertigen.

**Checkliste Vertragsinhalt Unternehmen –
Interim Management-Vermittler**

- Gegenstand des Vertrags: Name des Interim Managers, Aufgabe des Interim Managers und Ziele des Einsatzes, zu erbringende Leistungen, gegebenenfalls Dauer der Analysephase

- Festlegung der Befugnisse, Einbindung in die Unternehmenshierarchie

- Unternehmerische Mitwirkungspflichten

- Laufzeit: Vertragsbeginn, voraussichtliches Vertragsende, außerordentliche Kündigung

---

Fortsetzung: Checkliste Vertragsinhalt

- Vergütung: Zu zahlende Tagessätze an Interim Manager oder Interim Management-Vermittler, Spesen, Frage hinsichtlich der Vergütung zusätzlicher Researcharbeiten, möglicher Einsatz weiterer Interim Manager

- Direkte Beschäftigung: Falls der Interim Manager direkt vom Unternehmen beschäftigt bzw. in eine Festeinstellung übernommen wird – welche Zahlungen gehen an die Interim Management-Vermittlung?

- Schweigepflicht und Datenschutz

- Nebenabsprachen, Schriftform

- Salvatorische Klausel

- Haftung

- Gerichtsstand

Vertragliche Bindung

Im Vertrag mit dem jeweiligen Unternehmen regeln Interim Management-Vermittlungen den Fall, dass der von ihnen gestellte und im Vertrag mit dem Unternehmen genannte Interim Manager ausfällt. Im Krankheitsfall zum Beispiel behalten sie sich vor, einen alternativen Kandidaten vorzuschlagen oder zu stellen. Ebenso wird eine entsprechende Regelung getroffen, wenn der Interim Manager vom Unternehmen in eine Festanstellung übernommen wird. Zumeist hat das Unternehmen dann, wie auch bei Personalberatern üblich, eine Vermittlungsgebühr von einem Drittel des Bruttojahresgehaltes an den Vermittler zu zahlen.

Die Haftung der Interim Management-Vermittlungen wird vertraglich meist auf Vorsatz und grobe Fahrlässigkeit begrenzt. Das Honorar geht üblicherweise an die Vermittlung, die ihrerseits einen

Rechtliche und versicherungstechnische Aspekte

vereinbarten Tagessatz an den Interim Manager zahlt. Somit liegt bei Zahlungsunfähigkeit des Unternehmens (des Kunden) das Risiko bei der Vermittlung, was bei Unternehmen in finanziellen Krisensituationen zu Forderungsrisiken führen kann. Deshalb bevorzugen es einzelne Vermittler, dass das Unternehmen den Interim Manager direkt vergütet (voller Tagessatz einschließlich des Anteils für den Vermittler) und dieser dann von seinem Bruttosatz den vereinbarten Anteil an den Vermittler weiterleitet. Hier steht die Überlegung im Vordergrund, dass sich der Interim Manager vor Ort im eigenen Interesse um die schnelle Rechnungsstellung und Bezahlung kümmert. Umgesetzt wird dieses Modell wie folgt:

Der Vermittler schließt mit dem Unternehmen einen Vertrag, der dann als Anlage dem Dienstvertrag mit dem Interim Manager beigefügt wird. Dieser Vertrag zwischen Unternehmen und Vermittler beinhaltet eine Regelung über das Honorar des Interim Managers und den Anteil, der vom Kundenhonorar an den Vermittler für dessen Aufwand weitergeleitet wird. Ebenso unterbindet der Vermittler im Vertrag direkte Geschäfte zwischen dem Interim Manager und dem Unternehmen für eine bestimmte Zeit während und nach Durchführung des Auftrags.

Eine vertragliche Bindung zwischen Vermittler und Interim Management-Interessenten entsteht zunächst nicht, wenn im Rahmen des Kontakts der Vermittler einen Interessenten in seinen Kandidatenpool aufnimmt. Eine Garantie für eine erfolgreiche Vermittlung übernimmt kein Marktteilnehmer, andererseits besteht kein Vermittler darauf, dass sich ein Interessent nur in seinen Pool aufnehmen lässt (Exklusivität). Die Pools einiger Interim Management-Vermittler sind als eigenes Warenzeichen registriert.

Zumeist ist eine regelmäßige Berichtspflicht des Interim Managers an den Vermittler mit einem Nachweis über den Tätigkeitsumfang vertraglich geregelt, da ja nur die tatsächlich gearbeiteten Tage abgerechnet werden. Der Interim Manager liefert eine Beschreibung seiner Aufgaben und des Projektfortschritts entsprechend des internen Berichtssystems des Vermittlers.

Die Vermittler verbinden mit einem Einsatz eines Interim Managers meist auch eine Loyalitätsregelung, die beinhaltet, dass der Interim Manager für einen vereinbarten Zeitraum während und nach dem Auftrag (zum Beispiel für 24 Monate) keine direkten vertraglichen Verpflichtungen mit dem Unternehmen eingehen darf; dies kann sich ebenso auf direkte Wettbewerber des auftraggebenden Unternehmens beziehen. Eine Ausnahme besteht in der Festanstellung, da hier der Vermittler meist noch einmal eine direkte Provision vom Unternehmen erhält.

Die meisten Interim Management-Vermittler bieten ihren Poolmitgliedern eine Provision, die so genannte Finder's fee, wenn sie Projekte für den Vermittler akquirieren die der Interim Manager nicht selbst übernimmt, sei es, weil er einen Parallelauftrag hat, oder weil ihm die benötigte Qualifikation fehlt. Für einen Interim Manager wiederum kann es von Vorteil sein, einen akquirierten Auftrag nicht in direkter vertraglicher Verbindung mit einem Unternehmen (Kunden), sondern unter Einschaltung eines Vermittlers zu übernehmen, da dann bei der Abwicklung und vertraglichen Gestaltung des Projekts professionelle Unterstützung geleistet wird.

2. Darauf sollten Sie achten: wichtige Details des Vertrages

Geschäftsführungsfunktionen

Für die Übernahme der Funktion eines Geschäftsführers einer GmbH durch den Interim Manager bedarf es zwei Dinge: Damit der Geschäftsführer als Organ für die Gesellschaft tätig werden kann, muss er von den Gesellschaftern zum Geschäftsführer der Gesellschaft bestellt werden (vgl. §§ 38, 46 Nr. 5 GmbHG). Die Bestellung eines Geschäftsführers ist zur Eintragung in das Handelsregister anzumelden (vgl. § 39 GmbHG).

Die rechtlichen Beziehungen zwischen der jeweiligen GmbH und dem Geschäftsführer, insbesondere die Rechte und Pflichten des Geschäftsführers, werden in einem Dienstvertrag (Geschäftsführeranstellungsvertrag) näher geregelt: Umfang der Vertretungsmacht (Vertretung der Gesellschaft nach außen), Berichtspflichten und Weisungsbefugnisse etc.

Ohne eine klare Regelung der Handlungspflichten und Kompetenzen wird es dem Interim Manager unmöglich gemacht, seine Aufgabe zügig zu lösen. Dazu gehört auch die Klärung des Umfangs der Geschäftsführungsbefugnis, d. h. was der Geschäftsführer im Innenverhältnis entscheiden darf. Für bestimmte Geschäfte benötigt er regelmäßig die vorherige Zustimmung der Gesellschafter (-versammlung).

Bestehen rechtliche Beziehungen des Unternehmens allein mit dem Interim Management-Vermittler, so werden die vorstehenden Punkte teils im Dienstvertrag zwischen diesen beiden Parteien, teils in Gesellschafterbeschlüssen, in Geschäftsordnungen für die Geschäftsführung des Unternehmens oder in gesonderten vertraglichen Vereinbarungen mit dem Interim Manager geregelt.

Meistens erhält der Interim Manager vom Unternehmen auch eigene Visitenkarten und eine firmeneigene E-Mail-Adresse.

Konfliktpotenzial

Die Tätigkeit eines Interim Managers erfolgt häufig in einem Spannungsfeld, gerade wenn es in Krisensituationen um schnelles Handeln geht: Wann und wem gegenüber ist der Interim Manager berichtspflichtig, wenn er auf Probleme wie die Manipulation von Bilanzen stößt? Kann er in dieser Situation seine Aufgabe weiterführen, ist er dabei dem Management oder den nachgeordneten Gremien gegenüber berichtspflichtig?

In einer Leitungsfunktion können Themen wie steuerrechtliche Probleme, Zahlungsunfähigkeit, Überschuldung, Versäumnisse des Managements und strafrechtliche Aspekte wie Kreditbetrug und Bilanzmanipulation für den Interim Manager virulent werden.

Für alle Beteiligten ist daher eine entsprechende Regelung für solche oder ähnliche Konfliktverhältnisse unumgänglich. Bei finanziellen Krisen kann es schnell dazu kommen, dass das Thema Insolvenz aktuell wird oder der Interim Manager auf sensible, steuerrechtlich relevante Sachverhalte stößt. Um sich hier nicht strafbar zu machen, ist es auch in seinem Sinn, vorab klare Regelungen mit den beteiligten Vertragsparteien zu treffen und sich mit seinen gesetzlichen Pflichten als Geschäftsführer (zum Beispiel mit der Insolvenzantragspflicht gemäß § 64 GmbHG) vertraut zu machen.

Vergütungsfragen

Im Vertrag wird in der Regel ein Honorar auf Tagesbasis vereinbart, ebenso sind Wochen- oder Monatshonorare möglich. Üblich sind feste Tagessätze, wobei durchaus eine erfolgsabhängige Komponente eingebaut werden kann. Erfahrungsgemäß ist es dabei aber schwierig, entsprechende Messgrößen zu finden, die direkt dem Erfolg des Interim Managers zuzuordnen sind und auch in der Kürze des Engagements zum Tragen kommen. Interim Manager und Vermittler schulden keinen direkten Erfolg, wobei die Beurteilung der messbaren Erfolgsfaktoren schwierig zu beantworten ist; hier spielt die Frage der Zuordnung eine Rolle, aber auch die Überlegung, welche Veränderungen dem Einsatz des Managers zurechenbar sind. Das Unternehmen legt Wert auf eine umfassende Problemlösung, die eine Gesamtverantwortung und langfristige Erfolgsorientierung unter verschiedenen zeitlichen Aspekten umfasst. Werden Kriterien quantifiziert, besteht die latente Gefahr, dass der Interim Manager eine kurzfristige Taktik verfolgt, die sich schnell in den Erfolgszahlen widerspiegelt und dem Manager zugerechnet wird, aber mittel- und langfristig für den Unternehmenserfolg kontraproduktiv wirken kann.

Die Fakturierung wird vertraglich geregelt, entweder auf Wochen- oder Monatsbasis. Dabei gibt es verschiedene Vorgehensweisen:

- Der Interim Manager als direkter Vertragsnehmer stellt dem Unternehmen eine Rechnung.

- Der Interim Manager stellt dem Unternehmen eine Rechnung und zahlt dem Vermittler den vereinbarten Honoraranteil.

- Der Vermittler stellt dem Unternehmen die Rechnung und zahlt dem Interim Manager den vereinbarten Prozentsatz.

- Interim Manager und Vermittler stellen jeweils getrennt dem Unternehmen direkt die Rechnung.

Der Vermittler kann bei Rechnungsstellung den Manager bezahlen oder nach Zahlungseingang von Seiten des Unternehmens dem Manager seinen Anteil weiterleiten.

Eine Sozialversicherungspflicht entsteht nicht. Für die Versteuerung der Honorare hat der Interim Manager selbst zu sorgen.

Haftung

Zwischen dem Unternehmen und dem Vermittler wird ein Dienstvertrag geschlossen, ebenso zwischen dem Interim Manager und dem Vermittler. Liegt in einem der Vertragsverhältnisse eine Pflichtverletzung vor, so kann der Verletzte vom Schädiger Schadensersatz gemäß §§ 280 ff. BGB verlangen. Für die Rechtsbeziehungen der Parteien bedeutet das beispielsweise Folgendes: Da sich der Interim Management-Vermittler bei der Erfüllung seiner Pflichten gegenüber dem Unternehmen (Überlassung von Managern, die in einem Unternehmen geschäftsleitende Maßnahmen vornehmen) eines Interim Managers bedient (Erfüllungsgehilfe), haftet der Interim Management-Vermittler gegenüber dem Unternehmen, wenn der Interim Manager in Erfüllung seiner Aufgabe schuldhaft eine Pflichtverletzung begeht und dadurch das Unternehmen schädigt. Das Verschulden des Interim Managers wird insoweit dem Interim Management-Vermittler zugerechnet (§ 278 BGB).

In der Regel wird eine Haftung in den Dienstverträgen der Höhe nach begrenzt und auf Vorsatz und grobe Fahrlässigkeit beschränkt. Um das verbleibende Risiko abzusichern, schließen die Vermittler oft zusätzlich eine Vermögensschaden-Haftpflichtversicherung ab. Ein völliger Haftungsausschluss kommt nicht in Betracht: Zum einen ist ein Haftungsausschluss für Vorsatz gesetzlich nicht möglich (§ 276 Abs. 3 BGB), zum anderen wird die Übernahme eines gewissen Haftungsrisikos nicht selten als Beweis für die Qualität der Dienstleistung gewertet.

Bei seiner Tätigkeit hat der Interim Manager sowohl die ihm obliegenden vertraglichen als auch gesetzlichen Pflichten (zum Beispiel deliktische Haftung gemäß §§ 823 ff. BGB) zu beachten. Bei Vertragsverletzungen hat er nach den allgemeinen rechtlichen Grundsätzen gemäß § 276 BGB Vorsatz und Fahrlässigkeit zu vertreten. Wird er als in seiner Funktion als Organ eines Unternehmens (zum Beispiel als Geschäftsführer einer GmbH) tätig, so muss sich das Unternehmen das Handeln des Interim Managers als eigenes Handeln zurechnen lassen. Häufig sind an die Übernahme eines bestimmten Amtes für ein Unternehmen (Organstellung) besondere Handlungspflichten und Verantwortlichkeiten geknüpft, die von der jeweiligen Rechtsform des Unternehmens abhängen, beispielsweise Verantwortlichkeit für die Abführung von Steuern und Sozialabgaben oder für die Beantragung eines Insolvenzverfahrens bei Zahlungsunfähigkeit oder Überschuldung des Unternehmens. Zur Begrenzung ihrer eigenen Haftung haben viele Interim Manager daher eine eigene GmbH gegründet, die als Vertragspartner fungiert.

Berufsstandards

Interim Manager arbeiten in der Regel als Selbstständige. Die Berufsbezeichnung ist nicht geschützt, ähnlich wie der Begriff Unternehmensberater. Schwierigkeiten können im Bereich Finanz- und Rechnungswesen auftreten. Nach dem Steuerberatungsgesetz dürfen verschiedene Aufgaben im Unternehmen, die als Hilfeleistungen in Steuersachen zu werten sind, nämlich nur von Personen ausgeübt werden, die dazu befugt sind (Steuerberater, Wirtschaftsprüfer etc.). Dies ergibt sich aus dem Steuerberatungsgesetz.

Wird ein Interim Manager als Geschäftsführer speziell mit der Aufgabe eingesetzt, bestimmte Funktionen im Finanz- und Rechnungswesen zu übernehmen, die als Hilfeleistung in Steuersachen qualifiziert werden können, kann es daher zu Konflikten mit der Steuerberaterkammer kommen. So wurden bereits erfolgreich Prozesse von Steuerberatungskammern gegen Interim Management-Vermittlungen geführt, die Unternehmen (Kunden) Interim Manager für gewisse kaufmännische Funktionen angeboten haben.

Nicht als Hilfeleistung in Steuersachen wertet das Gesetz in § 6 StBerG das Buchen laufender Geschäftsvorfälle, wie die laufende Lohnabrechnung und das Fertigen der Lohnsteueranmeldungen. Unter der Voraussetzung, dass der Interim Manager über eine gewisse Buchhaltungsexpertise (vgl. § 6 Nr. 4 StBerG) verfügt, kann er daher im Finanzbereich die Aufstellung des Jahresabschlusses begleiten und die Auswertung der Zahlen vornehmen. Die Aufstellung des Jahresabschlusses selbst obliegt dann den Geschäftsführern insgesamt. Diese können diese Aufgabe auf einen oder einzelne Geschäftsführer verteilen, bleiben aber in der Verantwortung und müssen insbesondere die Wahrnehmung der Pflicht durch die ausgewählten Geschäftsführer überwachen (§ 264 HGB i. V. m. § 41 GmbHG).

3. Versicherungsrechtliche Fragen

Für Interim Manager wäre eine Berufs- und Vermögensschadens-Haftpflichtversicherung wünschenswert. Leider fehlt aber solch ein Produkt zurzeit noch auf dem deutschen Markt. Eine Directors & Officers Insurance (Vermögens-Haftpflichtversicherung für Manager, die das Privatvermögen von Entscheidungsträgern schützt) wird in Deutschland direkt für Interim Manager nicht angeboten, die gesetzlichen Versicherungsvorschriften ermöglichen bisher nur eine Directors & Officers (D & O) Insurance für Organe der Gesellschaft. Diese Vermögensschadens-Haftpflichtversicherung lässt sich nicht für externe Manager abschließen, die einen begrenzten Vertrag als Interim Manager haben. Managemententscheidungen sind in der Regel nicht versicherbar. Grundsätzlich greift die Vermögensschadens-Haftpflicht, wenn ein Manager vom Unternehmen auf Grund entstandener Vermögensschäden in Regress genommen wird. Durch eine Berufshaftpflicht können sich Interim Manager als Selbstständige versichern, wenn sie wie ein Unternehmensberater im Rahmen eines Dienstvertrages ein Projekt mit einem Unternehmen vereinbaren. Die Vermögensschadens-Haftpflicht lässt sich je nach Deckungssumme von 50 000 bis zu 50 Mio. EUR begrenzen und kostet jährlich einige Tausend EUR. Diese Versicherung deckt jedoch nicht die Schadensfälle ab, bei denen der Versicherte eine Entscheidung an Stelle des Unternehmens getroffen hat, was beim operativen Einsatz des Interim Managers vorkommt. Einfacher ist es, eine Vermögensschadens-Rechtschutzversicherung abzuschließen, die zumindest die Verfahrenskosten abdeckt, wenn es zu einem Streitpunkt kommt. Im Falle eines gerichtlichen Verfahrens übernimmt die Versicherung die Kosten, für Geldbußen gilt der Versicherungsschutz jedoch nicht. Die Versicherungsbedingungen schließen Vorsatz aus.

Seit Anfang des Jahres 2003 gibt es die Möglichkeit einer Vermögensschadenshaftpflicht für Interim Manager, die um das Risiko wenn ein Interim Manager als Organmitglied auftritt, ergänzt wurde (D & O Insurance). Auf Initiative der Firma von Hecke Partners Managers GmbH (VHPM) wurde in Zusammenarbeit mit der WinWin GmbH und einer internationalen Versicherung, ein Versicherungspaket aus den Niederlanden für den deutschen Markt übertragen; dies wird exklusiv für Interim Manager angeboten, die über VHPM vermittelt werden. Die Kosten für den Versicherungsschutz tragen zu gleichen Teilen die Interim Management-Vermittlung, der Interim Manager und das Unternehmen, so dass für jede Partei ein kleinerer Betrag pro Tag anfällt. Dabei werden Schäden bis zu 500 000 EUR abgedeckt, ein gewisser Eigenanteil ist von dem Vermittler zu zahlen.

Es besteht die Möglichkeit, den Interim Manager für die Zeit seines Einsatzes in die Directors & Officers Insurance des auftraggebenden Unternehmens miteinzubeziehen. Dies muss das Unternehmen mit seiner Versicherung regeln, damit die Police entsprechend den Interim Manager während seines Engagements einschließt.

Im Falle eines Börsengangs, den ein Interim Manager mitverantwortet, könnte das Thema Prospekthaftung aufkommen. Hier ist eine Vermögensschadens-Haftpflichtversicherung wichtig, um unbegründete Ansprüche abzuwehren und begründete zu befriedigen.

Interim Management-Vermittler haben in der Regel eine Firmenhaftpflicht gegen fahrlässiges und grob fahrlässiges Handeln abgeschlossen, die auch im Konfliktfall zumindest die Rechtsberatung für die vermittelten Interim Manager mit einschließt.

In der Praxis hat bisher keiner der interviewten Vermittler von Interim Management einen Einsatz erlebt, bei dem es zu einem Haftungs- oder Versicherungsfall gekommen ist. Es sind aber einzelne Fälle bekannt, in denen ein Interim Manager direkt von einem Unternehmen verklagt wurde.

Scheinselbstständigkeit

Scheinselbständige Arbeitnehmer unterliegen – im Gegensatz zu Selbstständigen – der Sozialversicherungspflicht. In Zweifelsfällen muss die Bundesversicherungsanstalt einer Person, in dem Fall einem Interim Manager, nachweisen, ob er „echter" Selbstständiger oder Scheinselbstständiger ist. Die Rechtsgrundlage dazu ist das „Gesetz zu Korrekturen in der Sozialversicherung und zur Sicherung der Arbeitnehmerrechte". Danach wird Scheinselbstständigkeit vermutet, wenn mindestens drei der folgenden fünf Kriterien erfüllt sind:

- die Person beschäftigt regelmäßig keine sozialversicherungspflichtigen Arbeitnehmer, die mehr als 315 EUR monatlich verdienen;

- die Person ist auf Dauer und im Wesentlichen nur für einen Auftraggeber tätig, was vermutet wird, wenn die Person 5/6 ihres Umsatzes mit einem Auftraggeber erzielt;

- der Auftraggeber oder ein vergleichbarer Auftraggeber lässt entsprechende Tätigkeiten regelmäßig durch von ihm beschäftigte Arbeitnehmer verrichten;

- wichtige Merkmale unternehmerischen Handelns fehlen – wichtigstes Kriterium dabei: die wirtschaftlichen Chancen und Risiken;

- die Tätigkeit der Person entspricht dem äußeren Erscheinungsbild nach der Tätigkeit, die sie zuvor als Arbeitnehmer bei seinem Auftraggeber ausgeführt hat.

Das Problem der Scheinselbstständigkeit stellt sich für den Interim Manager nicht, da er meist nur für einen begrenzten Zeitraum in einem Unternehmen aktiv wird und in der Regel mehrere Kunden hat.

Arbeitnehmerüberlassung

Der Funktion nach ist Interim Management ähnlich wie Leih- oder Zeitarbeit eine gewerbsmäßige Arbeitnehmerüberlassung, da auszuführende Aufgaben und Tätigkeiten für eine begrenzte Zeit übernommen werden und nicht – wie im Falle einer Festanstellung – auf Dauer angelegt sind:

- Leiharbeit wird auch als Zeitarbeit, Personalleasing oder Arbeitnehmerüberlassung bezeichnet. Laut AÜG (Arbeitnehmerüberlassungsgesetz) liegt ein Leiharbeitsverhältnis vor, wenn ein Arbeitnehmer in einer arbeitsvertraglichen Beziehung zu einem Arbeitgeber steht (Verleiher), der den Arbeitnehmer einem Dritten, dem Entleiher, zur Erbringung einer Arbeitsleistung überlässt.

- Bei der Zeitarbeit haben die Arbeitnehmer einen festen Anstellungsvertrag mit der Zeitarbeitsfirma und werden an den Kunden ausgeliehen. Der Arbeitsvertrag ist in der Regel unbefristet, es besteht ein so genannter Leiharbeitsvertrag. Der Verleiher hat die typischen arbeitsrechtlichen, steuerrechtlichen und sozialversicherungsrechtlichen Arbeitgeberpflichten zu erfüllen. Zwischen dem Entleiher und dem Leiharbeitnehmer besteht keine vertragliche Beziehung, nur zwischen Entleiher und Verleiher kommt es zu einem Arbeitnehmerüberlassungsvertrag. Dabei einigen sich Verleiher und Entleiher nur auf ein bestimmtes Anforderungsprofil, nicht hingegen auf die Überlassung eines bestimmten Arbeitnehmers. Die Zeitarbeitsfirma zahlt dem Arbeitnehmer die fälligen Lohnnebenkosten, auch wenn dieser nicht einem Kunden überlassen ist. Der Verleiher trägt somit das gesamte Arbeitgeberrisiko, während der Entleiher nur die tatsächlich in Anspruch genommenen Arbeitsleistungen zahlt.

Auf diese Leih- und Zeitarbeitsmodelle findet das Arbeitnehmerüberlassungsgesetz (AÜG) Anwendung. Dies gilt nicht für das

Dreiecksverhältnis zwischen Unternehmer, Vermittler und Interim Manager. Interim Manager sind selbstständig, also freie Mitarbeiter, und stehen nicht auf der Lohnliste des Interim Management-Vermittlers, sondern werden vom auftraggebenden Unternehmen auf Tagessatzbasis bezahlt; Lohnnebenkosten und Sozialleistungen fallen nicht an. Für die Vermittler sind Interim Manager aufgrund ihrer Qualifikation und Erfahrung im Allgemeinen zu teuer, um sie als Festangestellte ins Vermittlungsunternehmen zu holen und sie dann an Unternehmen auszuleihen. In der Regel übernimmt der Vermittler vielmehr die Rechnungsstellung gegenüber dem Unternehmen (Kunden) und vergütet dann dem Interim Manager seinen vereinbarten Prozentsatz vom Tageshonorar. Hinzu kommt, dass ein Unternehmen sich mit einem Vermittler meist nicht nur auf qualitative Anforderungen an einen Interim Manager einigt, sondern sich sogleich mit dem Vermittler auf einen bestimmten Interim Manager anhand der Anforderungen einigt. Da der Interim Manager nach alledem kein Arbeitnehmer des Vermittlers ist, findet das AÜG auf ihn keine Anwendung.

In der Schweiz gilt das Arbeitsverleihgesetz auch für die Vermittlung von Interim Managern. Ein Vermittler benötigt eine gesetzliche Genehmigung und darf seine Dienste nur für die Schweiz anbieten. Die in dem Gesetz getroffenen Regelungen beinhalten einen Schutz für ihn und den Interim Manager.

Zur Vereinheitlichung der europäischen Bedingungen für Zeitarbeit wird in der Europäischen Kommission ein Vorschlag für eine „Richtlinie des Europäischen Parlaments und des Rates über die Arbeitsbedingungen von Leiharbeitnehmern"[32] erarbeitet. Die Diskussion zu der so genannten Europäischen Zeitarbeitsnovelle erscheint schwierig, da die Kommission sich nicht in der Lage sieht, den Vorschlag im gegenwärtigen Stadium in den vom Parlament vorgeschlagenen Abänderungen zu akzeptieren. Diese Richtlinie könnte auch Auswirkungen auf den Bereich Interim Management haben, wenn die Tätigkeit der Leiharbeitsunternehmen weiter gefasst wird und nicht allein Arbeitsverträge, sondern auch Dienst-leistungsverträge der Interim Management-Vermittler darunter verstanden würden. In Deutschland wird allerdings eine solche Auslegung eher nicht erwartet. In Großbritannien erwartet man negative Auswirkungen, da Interim Manager, die über Vermittler gehen, wie „normale" Arbeitssuchende behandelt werden.

Ziel der Richtlinie ist die Einführung einer befriedigenden und fle-xiblen Arbeitsorganisation, „... und zwar auch durch neue Formen regulierter Flexibilität, welche den betroffenen Arbeitnehmern an-gemessene Sicherheit und einen höheren beruflichen Status ga-rantieren, wodurch die Bestrebungen der Arbeitnehmer mit dem Bedarf der Unternehmen in Einklang gebracht werden".[33] Da die rechtliche Situation innerhalb der EU große Unterschiede aufweist, soll die Richtlinie einen Rahmen zum Schutz der Leiharbeitnehmer wie auch einen Rahmen für die Tätigkeit der Unternehmen in die-sem Bereich darstellen. Zielgruppe sind „... Arbeitnehmer, die mit einem Leiharbeitsunternehmen einen Arbeitsvertrag geschlossen haben oder ein Arbeitsverhältnis eingegangen sind und den entlei-henden Unternehmen zur Verfügung gestellt werden, um befristet unter deren Aufsicht zu arbeiten".[34] Die Arbeits- und Beschäfti-gungsbedingungen für Leiharbeitnehmer haben für die Dauer der Beschäftigung mindestens den Bedingungen zu entsprechen, die für den gleichen Arbeitsplatz bei Festeinstellung gelten würden.

Nach In-Kraft-Ttreten der Richtlinie haben die Mitgliedstaaten zwei Jahre Zeit, um die erforderlichen Rechts- und Verwaltungsvor-schriften umzusetzen.

Was leisten Interim Management-Vermittler?

8

1. Akquise und Auftragsklärung

Diverse Anbieter haben sich auf die Vermittlung von Interim Managern spezialisiert und leisten eine qualifizierte Zusammenführung von Angebot und Nachfrage. Diese Dienstleister werden Interim Management-Vermittler genannt; ebenso findet man aber auch die Bezeichnungen Provider, Agenturen oder Makler. Über verschiedene Wege erfahren Vermittler von einer Aufgabe in einem Unternehmen, die mit einem Interim Manager besetzt werden soll.

In einem Gespräch klärt der Vermittler mit dem Entscheidungsträger im Unternehmen das Anforderungsprofil und identifiziert dann aus seiner Datenbank einen geeigneten Interim Manager. In die so genannten Interim Manager-Pools werden Kandidaten mit ihrem Lebenslauf und Erfahrungshintergrund aufgenommen. Allerdings wird nur ein kleiner Teil der Interim Management-Positionen über Vermittler besetzt, schätzungsweise zehn bis 20 Prozent. Diese Profis verfügen über langjährige Erfahrungen, die sie den Unternehmen und den Interim Management-Kandidaten zur Verfügung stellen.

Für die erfolgreiche Vermittlung und die laufende Mandatsbetreuung erhalten sie einen Teil des Honorars, meist 30 Prozent des Tagessatzes, den das Unternehmen an den Interim Manager zahlt.

Auftragsklärung

Die Vermittler von Interim Management bringen das Unternehmen mit einem geeigneten Manager zusammen. Sie klären das Aufgabenfeld, die vertraglichen Bestandteile und gewähren meist eine begleitende Betreuung für die Beteiligten.

Zu Beginn führt der Vermittler ein Gespräch mit dem Kunden, das folgende Punkte klären sollte:

136

Checkliste: Auftragsklärung

- Briefing

  Analyse des Kundenbedarfs

  Definition der Aufgabe, Zuständigkeit, Befugnisse, Klärung der Einbindung in die Führungshierarchie

  operationale Projektziele

  Art, Umfang, zeitliche Intensität

  Erstellung des Anforderungsprofils

  voraussichtliche Vertragslaufzeit

- Research und Interview

  Erstellung einer ersten Aufstellung geeigneter Kandidaten aus dem Kandidaten-Pool

  Klärung der Verfügbarkeit der Interim Manager

- Projektvorschlag

  Situation und Aufgabe

  vorgesehene Funktion und Aufgabenumfang

  Präsentation der geeigneten Kandidaten und Klärung der Verfügbarkeit

  Honorare

  konkreter Besetzungsvorschlag, Empfehlung des geeignetsten Kandidaten für die Position

  Unterschrift potenzieller Interim Manager unter eine Vertraulichkeitserkärung

  Gespräch potenzieller Interim Manager mit dem Kunden

  Entscheidung des Kunden für einen Interim Manager

- Umsetzung

  Aufnahme der Tätigkeit

  Entwicklung eines Großkonzeptes durch den Interim Manager – Kurzanalyse, Unternehmenssituation

Fortsetzung: Checkliste: Auftragsklärung

Präsentation dieses ersten Konzepts vor der Geschäftsleitung

monatliche Statusberichte

- Projektabschluss

- gegebenenfalls Suche nach einer neuen Führungskraft

- Einarbeitung

Der Interim Manager ist in der Regel sofort verfügbar.

Der Vermittler übernimmt die Suche nach einem geeigneten Manager, der das gewünschte Anforderungsprofil aufweist und zeitlich flexibel verfügbar ist. Dazu sammelt die Vermittlung meist über Jahre hinweg in ihrem Pool Lebensläufe und Projekterfahrungen von Interim Managern, sorgt für eine regelmäßige Aktualisierung dieser Informationen, interviewt die Interessenten und nimmt eine Überprüfung ihrer Referenzen vor, um gezielt den geeigneten Kandidaten am richtigen Ort zu präsentieren.

Der Kunde wendet sich mit einer konkreten Anfrage an den Interim Management-Vermittler. Es kommt durchaus vor, dass Unternehmen bei mehreren Vermittlern Angebote einholen und sich erst nach einem so genannten Beauty-Contest, also Präsentationen der einzelnen Anbieter, für einen Vermittler bzw. dessen Kandidaten entscheiden. Auf das erste Gespräch vor Ort legen die Vermittler Wert, um sich einen persönlichen Eindruck von Auftraggeber und Unternehmen zu verschaffen, da es immer auch auf die passende Chemie der Beteiligten ankommt. Im so genannten Briefing werden der Hintergrund des Unternehmens sowie die aktuelle Problemstellung umrissen und welcher Aufgabenbereich zu besetzen ist. Auf dieser Basis sucht der Vermittler in seinem Pool geeignete Kandidaten. Eine Poolabfrage bringt meist zehn bis 15 Profile, die der Vermittler auf etwa drei bis fünf Kandidaten reduziert. Die einzelnen Häuser haben unterschiedliche Vorgehensweisen, um dem Kunden ein konkretes Projektangebot zu unterbreiten. Dazu gehört eine kurze Beschreibung der Situation und der Aufgabe, wie der Vermittler nach dem Kundengespräch das Projekt verstanden hat. Ebenso beinhaltet das Angebot immer einen Besetzungsvorschlag und die Rahmendaten für Honorierung und Laufzeit und meist auch die Einsatzintensität. Die Art der Kandidatenvorstellung unterscheidet sich je nach dem Fokus des Hauses:

- kurzfristig: Oft erhält das Unternehmen innerhalb von 24 bis 48 Stunden eine Reihe von anonymisierten Kandidatenkurzprofilen. Der Kunde wählt dann einige Kandidaten aus, wobei deren Verfügbarkeit geklärt ist;

- relativ kurzfristig: Dem Kunden werden innerhalb einiger Arbeitstage die Profile verschiedener Kandidaten unterbreitet. Der Vermittler holt sich vom Interim Manager dessen Zustimmung und Verfügbarkeit für das meist in dieser Phase noch anonymisierte Projekt. Unter Strafe bestehen einige Vermittler auf exklusiver Bindung, um die peinliche Situation zu vermeiden, dass ein Kandidat in verschiedenen Pools registriert ist und dann von mehreren Vermittlern für den gleichen Auftrag angeboten wird;

- mittelfristig: Der Kunde wählt aus den Profilen einen oder mehrere Wunschkandidaten aus, den oder die er persönlich kennen lernen möchte. Bei diesen Gesprächen kann der Vermittler anwesend sein.

Die Vermittler haben bei der Vorstellung der Kandidaten unterschiedliche Philosophien hinsichtlich der Schnelligkeit und der Mitwirkung des Kunden bei der Auswahl. Einige beziehen den Kunden direkt mit ein und schicken ihm sofort nach dem Gespräch noch am selben Tage via E-Mail einige Lebensläufe, damit er eine Wahl treffen kann. Andere bevorzugen es hingegen, innerhalb von drei bis fünf Arbeitstagen zum Beispiel drei Kandidaten schriftlich vorzustellen. Es gibt aber auch Anbieter, die den besten Interim Manager für den Kunden auswählen und präsentieren und dem Kunden die Vorentscheidung abnehmen. Idealerweise vergleichen die Vermittler das mit dem Kunden erarbeitete Anforderungsprofil mit dem vorgeschlagenen Interim Manager und kommentieren Abweichungen.

Die zügige Präsentation innerhalb weniger Arbeitstage ist ein wichtiges Marketing-Tool für alle Anbieter. Interim Management betont die schnelle und flexible Lösung für Aufgabenstellungen und Probleme und stellt dies mit einem kurzfristigen Angebot unter Beweis. Der Auftraggeber bestimmt, wann der Interim Manager beginnt, erfahrungsgemäß benötigt der Kunde jedoch für seine Entscheidung einige Tage oder auch Wochen. So liegt zwischen Erstgespräch und Beginn des Einsatzes ein gewisser Zeitraum, manchmal sogar ein Monat oder mehr, dies hängt natürlich auch von dem Einsatzbereich ab – der Zeitdruck ist bei einem unerwarteten Ausfall einer Führungskraft höher als bei einem länger im Voraus geplanten Projektmanagement.

Die Akquisephase und Präsentation von Kandidaten ist bei den meisten Vermittlern kostenfrei. Einzelne Interim Management-Vermittler verlangen aber für die Vermittlung eines Erstgesprächs mit jedem Kandidaten eine Gebühr und nehmen bei einer erfolgreichen Vermittlung nochmals eine Pauschale bei Vertragsunterzeichnung.[35] Während der Interim Manager beim Kunden eingesetzt wird, fallen im Rahmen der Tagessätze die Honorare für Manager und Vermittler an.

Akquise

Die Vermittler nutzen von der Annonce über das Direktmailing meist mehrere Marketinginstrumente, um Aufträge zu akquirieren. Im Rahmen von Firmenverbünden ist es oft einfacher, Kunden direkt mit der Dienstleistung Interim Management bekannt zu machen, sei es mit Komplettangebot von Personalsuche, Zeitarbeit und Interim Management. Ebenso kann sich bei einem Unternehmensberatungsauftrag der Bedarf für einen Interim Manager herauskristallisieren, der dann über das eigene Haus abgedeckt werden kann. Die am meisten Erfolg versprechenden Hinweise für Aufträge kommen jedoch durch Referenzen zufriedener Kunden. Auch durch redaktionelle Beiträge in Zeitungen und Zeitschriften informiert sich der interessierte Kunde und wendet sich an Interim Management-Vermittlungen.

Wie auch bei anderen Beratungsdienstleistungen sprechen die Kunden mit einem oder mehreren Anbietern. Da sich immer mehr Anbieter Interim Management auf die Fahnen geschrieben haben, die Informationsbeschaffung auch über das Internet einfacher geworden ist, wächst die Konkurrenz. Ein gewisser Teil der Aufträge wird exklusiv zwischen einem Vermittler und dem Kunden abgeschlossen, so dass kein zweiter Wettbewerber antritt. Vermehrt kommt es aber zu Präsentationen im Wettbewerb mit anderen Anbietern. Waren es in der Vergangenheit meist drei Vermittler, so sind es mittlerweile oft doppelt so viele, die von einem Unternehmen angesprochen werden. Der Vermittler unterbreitet einen Vorschlag, und der Kunde entschließt sich für die ihn überzeugende Lösung. Hier spielen Entscheidungskriterien wie Professionalität, Präsentation, Referenzen, Preisgestaltung, Leistungsumfang und nicht zuletzt auch der persönliche Eindruck und das Gespräch mit dem Interim Manager eine Rolle.

Viele Vermittler arbeiten im Rahmen des Firmenverbundes mit anderen Dienstleistern zusammen oder geben auch das Netzwerk ihrer Kooperationspartner an: Banken, Wirtschaftsprüfer, Rechtsanwälte, Steuerberater, Unternehmensberater, Personalberater, Zeitarbeitsfirmen, Venture Capital-Firmen etc. Für den Kunden ist es von Vorteil, dass bei Bedarf Lösungen aus einer Hand angeboten werden oder auch kurzfristig weiteres Experten-Know-how zur Verfügung steht. Der Vermittler bekommt über das Netzwerk und seine Kooperationspartner entsprechende Hinweise und kann auch auf diesem Weg neue Aufträge akquirieren.

Festlegung des Anforderungsprofils

Im Rahmen des Kundengesprächs werden das Anforderungsprofil für das Interim Management-Projekt und wichtige Rahmendaten für den Einsatz des Interim Managers festgelegt:

- Fachliche Kriterien: Erfahrungshintergrund, Branche, Funktion, Leitungserfahrung, spezifische Problemstellung.

- Persönliche Kriterien: Durchsetzungsstärke, Kommunikationsstärke, Integrationsfähigkeit, Loyalität, Vertraulichkeit, Mitarbeiterförderung, Coaching.

- Einsatzbezogene Kriterien: Ziele und Aufgaben, Einsatzdauer, Intensität, Honorierung, Einsatzort, projektspezifische Besonderheiten wie zum Beispiel Sprachkenntnisse.

- Rahmendaten: Zwischenberichte, Zieldefinition, Festlegung der Erfolgskriterien und -größen, Laufzeit und Kündigungsfrist, Haftung.

Projektbegleitung

Während der Laufzeit des Projektes gibt es verschiedene Möglichkeiten, um die Verbindung zwischen den Beteiligten zu gewährleisten. Einige Vermittler halten zum Auftraggeber und zum Interim Manager regelmäßig telefonischen Kontakt, der in der Anfangsphase intensiv, während der Laufzeit des Projektes aber eher gering ist. In der Regel geschieht ein laufendes Controlling durch Tages- und Wochenberichte des Interim Managers an den Vermittler, die teils auch an den Kunden gehen. Die Philosophie und das Selbstverständnis der Vermittler sind hier unterschiedlich; einige sehen sich stärker in einer beratenden Rolle für das auftraggebende Unternehmen und den Interim Manager, so zum Beispiel als Sparringspartner und Moderator. Andere Vermittler legen ihren Schwerpunkt auf die Zusammenführung von Kunden und Interim Manager, deshalb wird ihre Tätigkeit auch mehr als „Body Leasing" bezeichnet.

Einige Vermittler wie die Firma FaZit GmbH in Kaarst bilden einen Projektbeirat, auch Leitungs- und Lenkungsausschuss genannt, der den Einsatz des Interim Managers begleitet. Diesem Beirat gehören Auftraggeber und Vermittler an. Häufig wird ein solcher Kreis eingesetzt, wenn mehrere Interim Manager oder auch noch andere Berater im Hause sind. Aufgabe des Beirates ist die Qualitätssicherung, die Überprüfung des Projektfortschritts und eine abschließende Projektbewertung. Ebenso können hier Themen wie Änderung des Projektziels oder Bedarf an weiterem Know-how zur Sprache kommen. Allerdings sind viele Anbieter von dieser Form der laufenden Projektbegleitung wieder abgekommen, da der Kunde sie ihrer Erfahrung nach nicht schätzt und sich der Mehrwert in Grenzen hält. Erfahrungsgemäß kommt es auf den Dialog zwischen Interim Manager und Auftraggeber an, um die Entwicklung des Projektes und die Erreichung der gemeinsamen Ziele zu verfolgen.

Der Kontakt des Interim Managers mit dem Vermittler ermöglicht die gegenseitige Unterstützung. Bei Bedarf können zusätzliche Experten aus dem Pool angefordert wie auch gegebenenfalls fest anzustellende Manager vorgestellt werden. Der Vermittler soll für den Interim Manager, der in einer gewissen Einzelkämpferposition vor Ort ist, als Ansprech- und als Sparringspartner zur Verfügung stehen und mit seiner Erfahrung aus anderen Projekten wichtige Hinweise geben oder in Konfliktsituationen eingreifen. Er wird von Zeit zu Zeit direkt mit dem Kunden sprechen und so dessen Position reflektieren. Indirekt ist der Vermittler natürlich auch eine Form des Back Office (Büroinfrastruktur, Sekretariat) für den Interim Manager; die Sekretariatsfunktion wird zwar ausgeschlossen, aber eine Form der Unterstützung kann ein größeres Büro bei Fachfragen leisten.

2. Der Vermittlungsmarkt – eine Übersicht

Es lassen sich verschiedene Gruppen von Interim Management-Vermittlern unterscheiden, die im Rahmen ihres Unternehmens oder auch eines Unternehmensverbundes diverse Dienstleistungen anbieten:

- Interim Management als Spezialgebiet;

- Interim Management und Personalberatung sowie gegebenenfalls Zeitarbeit, Coaching, Outplacement und/oder Training;

- Interim Management und Unternehmensberatung, Sanierung, Venture Capital oder Mergers & Acquisitions;

- Interim Management als Dienstleistung einer Vereinigung, eines Verbandes oder Konzerns.[36]

Spezialisierte Vermittler haben ihren Schwerpunkt im Interim Management-Geschäft und geraten in der Regel kaum in Interessenüberschneidungen miteinander. Bei Anbietern, die mehrere Themen abdecken, kann es zu Synergien und zu Konflikten kommen: Synergien, wenn beispielsweise sowohl eine langfristige Personalbesetzung als auch eine kurzfristige Interimslösung geboten werden, Konflikte, wenn Lösungen favorisiert werden, die Cross-selling (Verkauf mehrerer Produkte und Dienstleistungen aus einer Hand) ermöglichen. Professionelle Anbieter respektieren Vertraulichkeit, achten auf die so genannten Chinese Walls (Bereiche im Unternehmen, zwischen denen keine Informationen über Kunden ausgetauscht werden) und sehen die Synergien darin, dem Kunden Komplettlösungen aus einer Hand anzubieten sowie auch intern weitere Verbindungen durch Kollegen mit anderem Produkt- und Dienstleistungsfokus zu pflegen.

Vermittlungsunternehmen auf dem deutschen Markt lassen sich entsprechend der Dauer ihres Bestehens unterteilen:

- mehr als 15 Jahre;

- drei bis 15 Jahre;

- Neugründungen;

- neue Interim Management-Büros von Vermittlern, die auf dem europäischen Markt bereits eine langjährige Interim Management-Erfahrung aufweisen;

- Vermittler, die eine Expertise in einem anderen Beratungsumfeld haben und Interim Management für sich erschließen;

- Start-ups, die vorher bei größeren Vermittlern tätig waren, Personalberater, die in den Interim Management-Bereich gehen, Interim Manager, die Vermittler werden.

Der Markt für Interim Management-Vermittler ist überschaubar, und es gibt immer wieder Veränderungen innerhalb der Branche. So wechseln Berater nach internem Strategiewechsel und nehmen Know-how und Kunden zur neuen Adresse mit.

Die Interim Management-Vermittlungen sind entweder Geschäftsbereiche von größeren Unternehmen, rechtlich eigenständige Tochtergesellschaften, selbstständige Gesellschaften in Form von Aktiengesellschaften, Partnerschaften oder GmbHs. Bei Tochtergesellschaften halten die Geschäftsführer in der Regel Geschäftsanteile. Ebenso findet man Aktiengesellschaften unter den Interim Management-Vermittlern. Einige Firmen oder Partnerschaften sind im Rahmen eines Franchisesystems an internationale Verbünde angeschlossen.

Die Partner der Interim Management-Vermittlungen haben einen unterschiedlichen Hintergrund. Einige erwarben sowohl als Interim Manager als auch in einer Managementfunktion in verschiedenen Unternehmen langjährige Erfahrung, was sich in Kundengesprächen und der Erfassung der Situationen hilfreich auswirkt. Üblicherweise akquiriert und betreut ein Partner jährlich etwa zehn bis 15 Aufträge.

Internationalität

Firmen mit Sitz in der Schweiz oder in Österreich sehen ihren Schwerpunkt auf dem jeweiligen regionalen Markt. Die Interim Management-Vermittler mit Sitz in Deutschland arbeiten vorrangig im deutschsprachigen Raum. Einige Vermittler haben Büros in verschiedenen Städten, wobei der lokale Bezug zum Kunden betont wird. Da der Vermittler aber in der Regel zum Kunden kommt, ebenso auch der Interim Manager beim Kunden unabhängig von dem persönlichen Wohnort arbeitet, ist der Standort des Büros eines Vermittlers eher nachrangig.

Bei etwa einem Viertel der Aufträge gibt es einen internationalen Bezug; es werden häufig Interim Manager für die Arbeit bei ausländischen Tochtergesellschaften gesucht. In Zeiten der Globalisierung steigt die Nachfrage nach grenzüberschreitenden Einsätzen ins europäische oder internationale Ausland. Vermittler decken diese Nachfrage aus ihrem eigenen Pool durch Manager mit den relevanten Sprachkenntnissen und internationaler Erfahrung, kooperieren aber auch mit Anbietern aus anderen Ländern.

Zahlreiche Anbieter gehören einem internationalen Netzwerk an und können dadurch auch auf regionale Pools in den USA oder Asien zurückgreifen, was klare Vorteile bei entsprechenden Aufträgen in sich birgt. Ebenso kommen aus einem internationalen Firmenverbund auch Anfragen für den deutschen Markt, die dann aus den deutschen Pools gezielt besetzt werden.

Interim Management-Vermittler: Angebotspalette

Interim Management-Vermittler		Gründung Interim Management in Deutschland	Gründung Interim Management-Bereich	IM	PB	Z	C	Op Im	Sonstiges
Adecco Management auf Zeit GmbH	Fulda	Sep 99	1999	X		X			
AC Alpha Management GmbH	Wiesbaden	1979	1979	X	X				
Amadeus AG, Fire AG	Frankfurt	1986	1986	X	X				
BIM Boyden Interim Management GmbH	Bad Homburg	1990	1990	X	X				
Brainforce GmbH	München	Sep 2001	1979	X					
DBMS, Deutsche Bank Management Support	Frankfurt	1999	1999	X					X
DGFP Interimsmanagement Team	Düsseldorf	1995	1995	X				X	X
DIS Interim Management GmbH	Düsseldorf	Sep 2002	2002	X		X			
DPA Interim Management	Düsseldorf	Aug 2000	1990	X	X				
Dr. Walter&Partner	Dreieich	Jul 93	1993	X					
EIM Executive Interim Management GmbH	München	1987	1980	X	X				
Ernst & Young Executive Temporary Management	Stuttgart	1997	1985	X			X		X
Euroconsult Manfred Thieme	Berlin	1988	1988	X					
Executive Scout, Pabst	Krefeld	1997	1997	X	X			X	
Fazit GmbH	Kaarst	1994	1994	X					
IBT	Erkrath	2000	2000	X					
Impact Executives GmbH	München	1990	1990	X	X				
Institut für Wirtschaftsberatung, Niggemann	Meinerzhagen	1978	1978	X					X
Interheads AG	München	2001	2001	X	X				X
IMS International Management Services, DBM	München	1995	1995	X					
KCM Knaier Consult & Management	München	1995	1995	X					X
Kirschbaum Executive Services AG	München	1994	1994	X					X
LHG Ludwig Heuse GmbH	Kronberg	1993	1993	X					
Logika AG	München	1982	1982	X					X
Management Angels GmbH	Hamburg	Dez 2000	2000	X					
Page Interim Deutschland	Frankfurt	Mai 2002	2002	X	X				
Projektpartner Management GmbH	Mannheim	Feb 2000	2000	X					X
Protem GmbH	München	1998	1989	X	X				
Reschke Group	Monaco	1967	1967	X					
TAC Turn Around Consulting	München	1997	1997	X			X		X
TGMC Interim, Dr. Thieme Gleue	Hamburg	Jan 2000	2000	X	X				X
TMP Worldwide Interim Management GmbH	Frankfurt	Nov 2001	2001	X	X				
Top Fifty AG	München	Aug 2001	2001	X	X	X			
Treuenfels GmbH	Frankfurt	1999	2000	X	X	X			
VHPM Van Hecke Partners Managers GmbH	München	2001	1979	X	X				
Wagner-Consulting	Hambach	1997	1997	X					
ZAV Zentralstelle für Arbeitsvermittlung	Bonn	1980	1980	X	X				
ZMM Zeitmanager München GmbH	München	1997	1997	X	X				
AIM Ad Interim Management AG	Zürich		2000	X					
Brainforce AG	Zürich		1979	X					
Interpares	Zürich		2001	X					X
Top Fifty AG	Zug		1996	X	X				

IM – Vermittlung von Interim Managern
PB – Personalberatung
C – Consulting, Unternehmensberatung
Op IM – operativ selbst als Interim Manager tätig
Sonstiges – zum Beispiel Unternehmensbeteiligungen, Training, Coaching
Quelle: eigene Interviews, Handelsregister, Veröffentlichungen der Unternehmen

Interim Management-Vermittler:
Interim Manager, Projekte, Honorare

Interim Management-Vermittler	Pool Anzahl Interim Manager Deutschland	Kernpool Interim Manager	Projekte seit Gründung in Deutschland	Interim Manager vermittelt 2001[1]	Einsatzdauer je Interim Manager in Monaten	Honorar in EUR pro Tag
Deutschland						
AC Alpha Management GmbH	1500			40-50	6	900-1400
Amadeus AG, Fire AG				200	6-12	400-1000
BIM Boyden Interim Management GmbH	1000		435	35	3-18	500-2500
Brainforce GmbH	1660	250			9-18	
DBMS, Deutsche Bank Management Support	140			12-15		
DGFP Interimsmanagement Team	10	10		11-20	7-9	1501-2000
DIS Interim Management GmbH			0	0	6	750-2500
DPA Interim Management				11-20	7-9	< 1000
EIM Executive Interim Management Gmb	3000	200		40-50	3-12	1200-3000
Ernst & Young Executive Temporary Management	350	50	200	45	4	1200-1800
Euroconsult Manfred Thieme	100	100				
Executive Scout, Pabst			72	21	5	1300
Fazit GmbH	400		178	23	6-9	1450
IBT	1000		30	30	6	1300
Impact Executives GmbH	1000			> 10	7	990
Institut für Wirtschaftsberatung, Niggemann	17	17	> 40	7	4,5	1380
Interheads AG	330		> 10	3	5-6	1100-1400
IMS International Management Services	600	70	25	7	6-9	1150
KCM Knaier Consult & Management			> 100	15-20	6-12	1200-1800
Kirschbaum Executive Services AG				11-20	10-12	2001-2500
LHG Ludwig Heuse GmbH	1900	320		30	6	1300
Logika AG	50	50				
Management Angels GmbH	300				6	500-2000
Projektpartner Management GmbH				> 5	10-12	1000-1500
Protem GmbH	4000		250	70	6	1300
Reschke Group[2]	100	100	2000	25	12	2500-4500
TMP Worldwide Interim Management GmbH			30	20-30	8-9	750-2500
Top Fifty AG	250				6-12	
Treuenfels GmbH	350		41	27	4-6	700
VHPM Van Hecke Partners Managers GmbH	1500		40	25	3-7	1500-2000
ZAV Zentralstelle für Arbeitsvermittlung				70-90		
ZMM Zeitmanager München GmbH	800		100	20	6	900-1500
Summe				750		
Schweiz						
AIM Ad Interim Management AG	250	250		50	3-12	1100-1600
Brainforce AG						
Interpares				21-30	10-12	1500-2000
Top Fifty AG	250				6-12	

1) Teilweise Schätzungen
2) Angaben für Europa
Quelle: eigene Interviews, Handelsregister, Veröffentlichungen der Unternehmen, eigene Schätzungen. Der Honorarumsatz 2001 (Deutschland) für die oben aufgeführten Vermittler beläuft sich auf ca. 100 Mio. EUR.

Vorteilhaft ist auf jeden Fall, wenn ein Interim Management-Vermittler schon länger in diesem Bereich aktiv ist und selbst einmal im Management und/oder operativ als Interim Manager tätig war. So kann er aus eigener Erfahrung die Machbarkeit und Anforderungen realistisch einschätzen.

Trotz der deutlichen Wachstumsraten der letzten Jahre ist der Markt für Interim Management fragmentiert. Bei den wenigen Anbietern, die bereits seit mehr als zehn Jahren auf dem Markt tätig sind, gibt es keine Adresse, die über diesen Zeitraum permanent mit signifikanten Wachstumsraten aufwarten kann oder den Markt klar dominiert. Von den Vermittlern im hochpreisigen Segment, die langjährige Erfahrungen aufweisen, wurde die Grenze von 100 vermittelten Interim Managern jährlich oder der Jahresumsatz von 20 Mio. EUR nicht überschritten. Die Spitze bilden Executive Interim Management GmbH und Protem GmbH, was die Anzahl der Vermittlungen sowie die Umsätze betrifft. Es folgen Boyden Interim Management GmbH, AC Alpha Management GmbH, Ludwig Heuse GmbH interim-management.de, FaZit GmbH Führungskräfte auf Zeit im Team, Knaier Consult & Management und Ernst & Young Executive Temporary Management GmbH. Besonders dynamisch und innovativ gehen die Firmen Management Angels GmbH und Zeitmanager München GmbH in den Markt.

Im mittleren Tageshonorarbereich dominiert Amadeus/Fire sowohl bezüglich der vermittelten Interim Manager als auch bezüglich des Jahresumsatzes. Einige bekannte Unternehmen haben in den letzten ein bis zwei Jahren den Interim-Bereich entdeckt und versuchen sich wie TMP World Wide, Page Interim Deutschland, DIS Interim Management GmbH aktiv zu positionieren, oder auch Tochtergesellschaften von etablierten Schweizer Anbietern wie Brainforce AG und Top Fifty AG oder niederländische Firmen wie van Hecke Partners Managers GmbH. Daneben gibt es aber auch eine Reihe von kleineren Anbietern, die ihr Geschäft finden. Nicht zu vergessen ist die Management-Vermittlung des Arbeitsamtes,

Was leisten Interim Management-Vermittler?

Zentra... ... ...), die teils direkt Führungskräfte ... ... eils aber auch über Interim
Mana... ... ... elativ große Zahl von Interim M... ... ... abschließt.

Checkliste: Interim Management-Vermittler

- Erfahrung

  Wann wurden die Vermittlungstätigkeiten aufgenommen?

  Wie viele Projekte wurden erfolgreich abgeschlossen?

  Referenzadressen

  Aufgabenschwerpunkte

  Dauer der bisherigen Einsätze

  Kundenkreis, Branchen, Firmengrößen etc.

  Erfolge, die für die jetzige Aufgabenstellung relevant sind

- Vertragsfragen

  Tagessätze – Aufteilung zwischen Vermittler und Manager

  Leistungen des Managers und Leistung des Vermittlers

  Kündigungsfrist bei Einsatz

  Leistungsumfang und Erfolgskriterien

  Auswahlkriterien für den Interim Manager, wie schnell
  steht er zur Verfügung

  Haftungsfragen

- Hintergrund

  Wer sind Gesellschafter und Geschäftsführer?

  Tochter- oder Schwesterunternehmen

  Mögliche Interessenkonflikte

---

www.metropolitan.de

Fortsetzung: Checkliste: Interim Management-Vermittler

- Management-Pool

  Berufliche Erfahrung, Hintergrund

  Gibt es eine Kernmannschaft?

  Anzahl der jährlich vermittelten Interim Manager

  Aufnahmekriterien in den Pool (Einsenden von Unterlagen, persönliches Gespräch, Test)

  Erfahrungen des Managers, die für die jetzige Aufgabenstellung relevant sind

- Eindruck

  Wie lange dauert es, bis der Interim Management-Vermittler reagiert?

  Wie klar geht der Interim Management-Vermittler auf die spezifische Situation ein?

  Wie gut wird die Problemanalyse im Aufgabenumfang dargestellt?

  Wie lange dauert es, bis die erste Aufstellung mit potenziellen Interim Managern erstellt wird?

  Wie qualifiziert erscheinen die vorgeschlagenen Manager?

  Wie schnell können die Manager starten?

  Welche projektbegleitende Unterstützung leistet der Vermittler (zum Beispiel Beirat)?

Vorteile des Vermittlereinsatzes

Für das Unternehmen wie auch den Interim Manager bringt die Einschaltung eines Vermittlers folgende Vorteile:

Vorteile bei der Einschaltung eines Interim Management-Vermittlers	
Vorteile Unternehmen	**Vorteile Manager**
Suche nach geeignetem Interim Manager	Marketingfunktion, Beschaffung von Aufträgen
Ruf und Standing eines renommierten Vermittlers im Markt	Ruf und Standing im Markt
Qualitätscheck Interim Manager	Qualitätscheck Unternehmen
Verhandlung der Tagessätze	Verhandlung der Tagessätze
Projektdefinition und Situationsbeschreibung aus externer Sicht	Projektdefinition und Situationsbeschreibung aus externer Sicht
	Übernahme Zahlungsfunktion und -risiko
Auswahl eines geeigneten Managers	Auswahl eines geeigneten Auftrags
	Briefing und Interviewvorbereitung
Interim Manager über Aufgabenstellung im Unternehmen schon informiert	Unternehmen über Know-how des Interim Managers informiert
Regelmäßiger Fortschrittsbericht	Supervision, ob Tätigkeit noch mit dem Auftrag übereinstimmt
Unterstützung, Netzwerk	Unterstützung, Netzwerk
Neutraler Mittler, Schiedsrichterfunktion	Neutraler Mittler, Schiedsrichterfunktion
Beratung bei rechtlichen Fragen	Beratung bei rechtlichen Fragen
Ausfallvorkehrungen, Stellung eines Ersatzmanagers	Ausfallvorkehrungen, Stellung eines Ersatzmanagers

Quelle: Vera Bloemer.

Pools

Interim Management-Vermittler bauen so genannte Pools auf, in denen sie die Informationen potenzieller Kandidaten sammeln. Interessierte Manager schicken ihren Lebenslauf, Foto sowie Referenzen an den Vermittler. Bei einer grundsätzlichen Eignung für den Einsatz als Interim Manager werden diese Informationen in eine Datenbank (Pool) aufgenommen, häufig muss der Kandidat noch einen speziellen Fragebogen betreffend Spezialisierung und Know-how ausfüllen. Die Pools sind nach verschiedenen Stichworten abfragbar (zum Beispiel 500 Stichworte wie Branche, IPO-Erfahrung, DIN ISO 2000 etc.). Damit kann der Vermittler bei einer Kundenanfrage entsprechend dem Anforderungsprofil die Manager empfehlen, die den relevanten Markt kennen, in der Branche gearbeitet und die nötige Fachkompetenz haben.

Die Anzahl der Pool-Mitglieder ist in der Regel relativ groß. Die Vermittler erhalten Blindbewerbungen, schalten Annoncen, sprechen aber von sich aus auch interessierte Kandidaten an. Telefonische oder persönliche Interviews erfolgen. Dies ist der engere Kreis innerhalb eines Pools, mit dem persönliche Kontakte oder bereits Erfahrungen aus Interim-Einsätzen bestehen. Kein Pool bindet die Interim Manager exklusiv; auf Grund der Größe der Pools und der sehr viel kleineren Anzahl der Aufträge lassen sich die meisten Manager in mehreren Pools registrieren und sind auch selbst akquisitorisch tätig. Die Mitgliedschaft in einem Pool bringt keine Verpflichtungen mit sich, in der Regel fallen keine Aufnahme- oder Mitgliedskosten an.[37] Interim Management-Vermittler versuchen jedoch, Manager, mit denen sie gute Erfahrungen gemacht haben, möglichst exklusiv durch laufende Projektvorschläge bzw. Einsätze an sich zu binden.

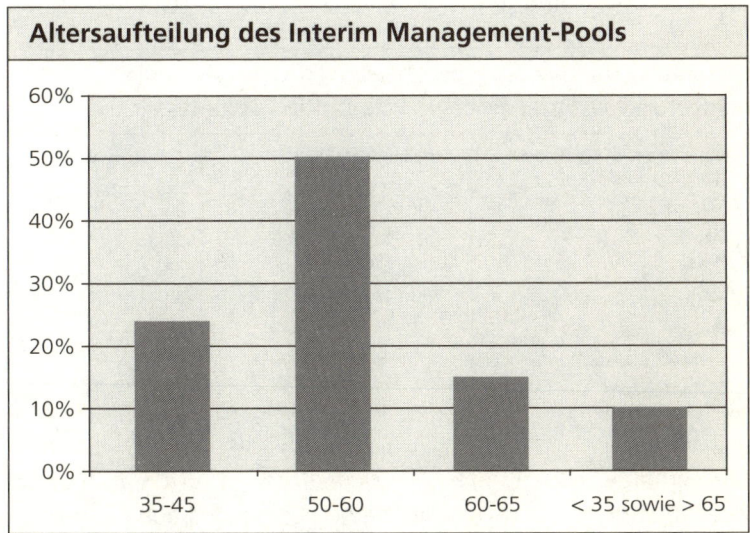

Altersaufteilung des Interim Management-Pools

Quelle: Vera Bloemer mach Angaben von Boyden Interim Management.

Die Firma Interheads AG lässt ihre Poolmitglieder einen Leistungstest absolvieren. Zum Beispiel Jobfidence®, einen Persönlichkeitstest, der vom wirtschaftspsychologischen Institut teme GmbH in Wien organisiert und ausgewertet wird. Der Test wird mit einem Zeitlimit unter professioneller Anleitung durchgeführt. Dazu müssen verschiedene Fragebogenblöcke durchgearbeitet werden. Im Rahmen dieses objektivierten Leistungstests lassen sich Potenziale bezüglich Flexibilität, Stressresistenz, Zielverfolgung, Motivations- und Organisationsfähigkeiten immer im Vergleich zu einer Referenzgruppe analysieren. Die Aufnahme in den Pool wird auf Grund des Lebenslaufs, des persönlichen Eindrucks sowie der Testergebnisse entschieden.

Die Firma Reschke Group Rent a Professional setzt für die Aufnahme in ihren Pool die erfolgreiche Teilnahme an einem kostenpflichtigen Ausbildungsseminar voraus. Hier wird nach der von dem Vermittler entwickelten Technik im Rahmen eines so genannten Simulators geschult, der auf die Interim-Einsätze vorbereitet und aus den Kandidaten so genannte Effizienz-Moderatoren macht.

Beispiel für die Zusammensetzung eines Interim Manager-Pools (Angaben in Prozent)

Aufteilung nach Funktionen (Mehrfachnennungen)		Aufteilung nach Themen		Aufteilung nach Alter	
Marketing/PR	33	Business Development	47	bis 30	5
Finanzen	21	General Management, Business Building	38	30-35	35
Controlling	21	Turn-around Management	15	35-40	40
Key Account Management	20			40-50	15
Projektmanagement	20			über 50	5
Human Resources	5				
IT-Management	5				

Quelle: Management Angels GmbH.

Die Vermittler haben unterschiedliche Kriterien für die Aufnahme in ihren Pool; in der Regel findet eine Vorauswahl anhand der Lebensläufe statt. Dabei richtet sich die Aufmerksamkeit auf den fachlichen Hintergrund, die Führungs- und die Projekt- bzw. Interimserfahrung. Wichtig sind eine kontinuierliche berufliche Entwicklung und eine erkennbare Motivation für Interim Management. Interessenten, die nur das Sprungbrett in einen festen Job suchen, sind für die Tätigkeit nicht geeignet.

Im Rahmen eines persönlichen Gesprächs werden die Fähigkeiten festgestellt und besonderes Augenmerk auf die kommunikativen und unternehmerischen Aspekte gelegt. Der Vermittler prüft, ob der Kandidat beim Kunden ankommt, wie flexibel er sich typischen Situationen anpasst und welche Referenzen er vorweist. Interim Management-Vermittler haben das Wissen aufgebaut, ein Gespür entwickelt und zudem oft einen konkreten Auftrag im Auge, um die Eignung eines Bewerbers entsprechend einzuschätzen. Gerade diese Erfahrung mit Hunderten von Lebensläufen, Kandidateninterviews, Kundengesprächen und auch eigener relevanter Berufserfahrung ist das persönliche Know-how, das unbezahlbare Wissen des Vermittlers. Sein wichtigster Erfolgsfaktor ist, den passenden Manager für das konkrete Projekt zu finden und so die größte Übereinstimmung für Auftraggeber und Umfeld zu erzielen. Trotz Datenbanken und Hightech-Informationssystemen gehört immer wieder der entscheidende persönliche Faktor dazu, der den Ausschlag gibt.

Die anonymisierten Lebensläufe ihrer Kandidaten stellen einige Anbieter wie Treuenfels ins Internet, für Managementpositionen ist es eher unüblich; eine Ausnahme machen hier die reinen Internet-Vermittlungspools.

Die Größe eines Interim Manager-Pools sagt wenig aus. Das Schalten von Suchannoncen bringt nach Angaben von Vermittlern bis zu 1 000 Zuschriften, von denen etwa ein bis zwei Drittel grundsätzlich für die Aufnahme in einen Pool geeignet sein können. Ebenso erhalten die Interim Management-Vermittler regelmäßig Blindbewerbungen. Ausschlaggebend ist der persönliche Kontakt und die Prüfung der Unterlagen und Referenzen, so dass die meisten Vermittler ihren Pool in einen engeren, persönlich bekannten und gepflegten Kandidatenkreis und einen weiteren von interessierten Interim Managern aufteilen. Um die Informationen aktuell zu halten, werden die Bewerber in regelmäßigen Abständen gebeten, ihren Lebenslauf, ihre Projekterfahrung und ihre Referenzen auf den neuesten Stand zu bringen. Dazu werden aktualisierte Lebensläufe angefordert, entsprechende Formulare zugesendet; mittlerweile bieten Vermittler Interim Managern auch die Möglichkeit an, über das Internet in geschützten Bereichen direkt ihre Angaben in eine Datenbank einzugeben.

Wenn kein aktuelles Projekt läuft, wählen die Vermittler verschiedene Wege, um den Kontakt zu halten: Das geht von regelmäßigen Telefongesprächen über Informationsbriefe per Post oder E-Mail bis hin zu Newsletters an Interim Management-Kunden und Interim Manager. Vereinzelt werden Treffen und Informationsaustausch in Fachgruppen von den Vermittlern initiiert; da Interim Manager aber als Selbstständige sehr bewusst mit ihrer Zeit umgehen, besteht von ihrer Seite begrenzter Bedarf. Einzelne Vermittler laden ihren engeren Interim Manager-Kreis zu Jahrestreffen ein, bei dem hochrangige Referenten Vorträge zu Managementthemen halten.

Unternehmen müssen sich in einem persönlichen Gespräch und über Referenzen von der Qualität des Vermittlers überzeugen. Qualitativ hoch stehende Anbieter verstehen sich als Partner und Berater des Kunden, der für sie sowohl auf der Unternehmens- wie auch auf der Managerseite steht. Sie legen Wert auf Begleitung und erfolgreiche Entwicklung des Einsatzes und verdeutlichen dem Kunden Interim Management als ein exzellentes strategisches Instrument, das einen Leverage-Effekt (positive Signalwirkung) in die Unternehmensentwicklung bringt. Andere Vermittler sehen ihre Aufgabe ausschließlich im Zusammenbringen von Angebot und Nachfrage, für sie ist mit der Vertragsunterzeichnung der Erfolgsfall eingetreten.

Interim Management Internet Pools

In den Niederlanden entstand im Jahr 2000 auf Initiative von Interim Managern eine Internetplattform unter www.flexmanager. com bzw. www.flexmanager.de. Es haben sich etwa 600 Interim Manager, die sich für einen Interimseinsatz interessieren, mit ihrem anonymen Lebenslauf registriert, davon auch viele englische und holländische Manager. Die Anzahl der registrierten Interim Management-Projekte liegt etwa bei 25 Anfragen, größtenteils in den Niederlanden.

Interim Management-Vermittler für Senioren

Viele der aus dem aktiven Berufsleben ausgeschiedenen Fachleute sind an einer weiteren beruflichen Tätigkeit interessiert. Für diese Zielgruppe entstand der Senior Expert Service (SES), der mit Hilfe seiner Experten die beruflich-fachliche Ausbildung, Fortbildung und Qualifizierung im In- und Ausland für Fach- und Führungskräfte fördert. Gegründet wurde der SES 1983 als gemeinnützige Organisation, siehe www.ses-bonn.de, und er hat mehr als 9 000 Einsätze in 139 Ländern durchgeführt, jährlich etwa 1 100 Einsätze. In der Kartei sind 5 200 Senior Experts registriert.

Die Senioren arbeiten auf ehrenamtlicher Basis, maximal sechs Monate vor Ort. Dabei entfallen zehn Prozent der Einsätze auf Deutschland, 43 Prozent auf Asien, zehn Prozent Lateinamerika, sieben Prozent Afrika und 30 Prozent Europa inklusive der GUS.

In Österreich gibt es ASEP (Austrian Senior Experts Pool), www.asep.at, einen gemeinnützigen Verein für Senior Experts, beruflich erfahrene pensionierte Führungskräfte, die sich weiter engagieren wollen. Die ASEP konnte ihren Einsatz von 1997 mit 800 Manntagen auf 2 400 Tage im Jahr 2001 steigern, davon 70 Prozent in Österreich, der Rest im Ausland. Ihrer eigenen Rechnung nach setzt sie den Manntag mit 500 EUR an und kommt damit auf ein Volumen von 1,2 Mio. EUR für geleistete Arbeit für Beratungs- und Management-auf-Zeit-Einsätze.

Mit dem Begriff „Business Angels" werden Privatpersonen bezeichnet, die ihre Erfahrung und oft auch finanzielle Unterstützung jungen Unternehmen zu Verfügung stellen. Mittlerweile gibt es in Deutschland mehr als 40 Gruppen und Vereine, in denen sich Business Angels zusammengeschlossen haben. Als Ansprechpartner dient BAND (Business Angels Netzwerk Deutschland e.V., www.business-angels.de). Business Angels geben ihre unternehmerische Kompetenz und beruflichen Erfahrungen an vielversprechende Unternehmen weiter; sie engagieren sich in der Regel auch in der Unternehmenspraxis. Neben dem Know-how-Transfer investieren auch viele Business Angels aus ihrem Privatvermögen Beteiligungskapital, um Unternehmensgründungen zu fördern und an dem künftigen Erfolg teilzuhaben.

Wie werde ich Interim Manager?

9

1. Persönliche Voraussetzungen

Auf Grund von Umstrukturierungen ihrer Firma wurden viele Manager aussortiert (Alter, neues Management etc.) und via Aufhebungsvertrag oder Kündigung aus dem Unternehmen gedrängt.[38] Gehörte ein Manager 1995 noch im Durchschnitt 9,5 Jahre zum Unternehmen, so hat sich die Verweildauer im Jahr 2002 auf sieben Jahre verkürzt. Glücklich derjenige, der die Zeichen früh genug erkannt und sich selbst nach einer Alternative außerhalb des Stellenkarussells umgeschaut hat. Lebenslange Arbeitsplätze bekommen Seltenheitswert; auf Grund der Fusionen, Kostenreduktionen und Restrukturierungen gibt es kaum noch eine Führungskraft, die nicht von Zeit zu Zeit um ihre Position auf Grund einer neuen Führungsmannschaft, des immer weiter vorgezogenen Vorruhestands oder der neuen Marktoffensive bangt – ein Managementwechsel geht sehr schnell vonstatten. Nahe liegend ist der Wunsch, gleich über einen Personalberater in die nächste Position zu wechseln.

Doch kann sich in dieser Situation eine ganz neue Perspektive ergeben: Ein Karriereknick zwingt, über die eigene Lebens- und Berufsplanung nachzudenken und ist daher auch immer eine Alternative, stärker die selbstbestimmte Beschäftigung in Betracht zu ziehen. Interim Management bietet die Möglichkeit, wechselnde Firmen und Aufgabenstellungen kennen zu lernen, sich in einem neuen Umfeld zu beweisen und stark handlungs- und implementierungsorientiert zu arbeiten.

Viele gestandene Manager haben den Wunsch, ihr Know-how weiterzugeben. Bei einem Jobwechsel besteht selten eine Chance, die Branche oder die Unternehmensgröße signifikant zu verändern. Interim Management bietet jedoch die Möglichkeit, seine Erfahrung zum Beispiel für eine Start-up-Firma einzubringen oder Projektmanagement in einem anderen industriellen Umfeld zu übernehmen. Der Reiz, bisheriges Wissen weiterzugeben und selbst neue Erkenntnisse zu sammeln, ist in diesem Umfeld unabdingbar. In der heutigen Zeit ist das Selbst- und Fremdverständnis von Managern sehr viel offener und flexibler. Moderne und selbstbewusste Manager befreien sich von den Attributen des Sozialstatus und konzentrieren sich auf die Aufgabe und die inhaltliche Herausforderung. Das repräsentative Büro, der Dienstwagen, die Sekretärin und die Assistenz, all das fällt beim Interim Manager weg. Aus dem engen und verpflichtenden Unternehmenskorsett wollen diejenigen heraus, die wenig Veränderung für sich im alten Unternehmen erwarten und bewusst die freiberufliche Tätigkeit als Interim Manager wählen. Abenteurer und verquere Existenzen haben allerdings keine Überlebenschancen in dem sich permanent professionalisierenden Bereich Interim Management.

Aus diesem Management auf Zeit kann sich mehr entwickeln, sei es eine Festanstellung oder aber das Profil „Manager auf Zeit". War der erste Auftrag für den ein oder anderen Interim Manager noch eine Übergangslösung, finden nicht wenige Gefallen daran, bei unterschiedlichen Unternehmen nacheinander Aufgaben zu übernehmen.

Zwischen den verschiedenen Einsätzen besteht immer die Möglichkeit, seine Freizeit selbst zu bestimmen. Über Mundpropaganda, Referenzen oder Interim Management-Vermittler kommen die nächsten Aufträge.

Anforderungsprofil – persönliche Kompetenzen

- Führungspersönlichkeit
- fachliche und soziale Kompetenz
- Kreativität
- Engagement
- Durchsetzungsvermögen

Fortsetzung: Anforderungsprofil – persönliche Kompetenzen

- Fähigkeit zum Zuhören

- überdurchschnittliche Motivation

- in kurzer Zeit Ergebnisse liefern

- Eröffnung neuer Perspektiven für das Unternehmen

- Fähigkeit, unter Hochspannung zu arbeiten

- Interesse, etwas zu verändern

- numerische und verbale Fertigkeiten

- selbstständiges Erarbeiten abstrakter Problemlösungen

- Bereitschaft für wechselnde Einsatzorte

- Flexibilität: Beweglichkeit bei der Verfolgung von Zielen

- Leistungsmotivation: Erwartungsspanne, Erfolgsstreben

- Stressresistenz: Arbeitsfähigkeit in psychosozialen Belastungssituationen

- Hartnäckigkeit: Umgang mit Schwierigkeiten, die bei der Zielerreichung behindern

Der Einsatz im Unternehmen

Häufig wird der Interim Manager unterhalb der Hierarchiestufe eingesetzt, die er vorher bekleidete. Deshalb werden die meisten Aufgabenstellungen für ihn interessant sein, ihn aber nicht überfordern. Der große Unterschied zum Angestelltendasein ist der zeitlich begrenzte Rahmen und die Konzentration auf darstellbare Ergebnisse. Diese in der kurzen Zeit des Engagements zu liefern ist schwer, doch auch kleine Erfolge erleichtern das weitere Vorgehen und die Akzeptanz. Nicht zu vernachlässigen ist der Aufbau eines internen Netzwerkes im Unternehmen, um aktuelle Informationen zu erhalten: Wer taktiert politisch? Wer versucht, Stimmungen zu beeinflussen?

Der Interim Manager klärt im Laufe seiner Beschäftigung, wer ihm am Ende seines Auftrags eine Referenz geben wird, denn diese wird zur wichtigen Empfehlung für seinen weiteren Einsatz. Bei Sanierungsfällen sollte er sicherstellen, dass seine finanziellen Forderungen erfüllt werden.

Vom Interim Manager werden sofort Signale erwartet. Er steht unter hohem Erfolgsdruck – Zeit ist Geld. Er sollte zügig ein Konzept für die Lösung seines Auftrags finden und seinen Auftraggeber wie auch sein Team überzeugen können. Er muss sich in Zahlen und Bilanzen hineinknien, um zu einem eigenen Urteil zu kommen. Dazu gehören Gespräche mit allen leitenden wichtigen Mitarbeitern, um die Situation und Problemstellung zu erfassen, inoffizielle Hierarchien zu ermitteln und die Firmenkultur zu erkennen. Wichtig ist es, dass er ein Vorbild für die Mitarbeiter darstellt und sein Team auf Zeit durch Motivation zum gemeinsamen Erfolg bringt.

2. Der Schritt in die Selbstständigkeit: Akquise im Alleingang oder über einen Vermittler?

Als Interim Manager ist man selbstständiger Unternehmer, hat keine regelmäßigen Einkünfte und trägt das volle Risiko. Von der sicheren Position des Angestelltendaseins ist es ein Schritt in unbekanntes Terrain. Der erste Auftrag kann sofort erfolgen, es kann aber auch dauern, bis ein Engagement kommt. Diese Zeiten des Akquirierens, Wartens und der Unsicherheit müssen finanziell und auch mental überbrückt werden. Deshalb sollte man sich über die eigene finanzielle Situation, Alterssicherung etc. klar werden. Denn trotz hoher Tagessätze können Wochen und Monate ohne Auftrag vergehen – es gilt, starke finanzielle Schwankungen auszuhalten.

Im Idealfall befindet sich der Manager in einer finanziell gesicherten Position. Daher kamen und kommen Interim Manager häufig aus den Reihen der Vorruheständler oder jener Führungskräfte, die einen „golden handshake" von ihrem vorherigen Arbeitgeber erhalten hatten. Mittlerweile formiert sich jedoch ein eigenes Berufsbild, und immer mehr Manager finden Gefallen an der Projektarbeit und der ständigen Herausforderung, das eigene Können unter Beweis zu stellen.

Nicht wenigen, die finanziell abgesichert sind, fehlt die geistige Anregung des Arbeitsplatzes oder das Polster des Aktiendepots auf Grund der Entwicklung der Kapitalmärkte. Interim Management ist die Alternative!

Der Schritt in die Selbstständigkeit muss mit dem Steuerberater durchgesprochen werden. Auch ein Jurist sollte sich den Vertrag ansehen, falls die Projektvermittlung nicht über einen Interim Management-Vermittler geht, der seinerseits Standardverträge vorliegen hat. Klären Sie mit Ihrem Rechtsanwalt und einem Versicherungsagenten unbedingt und ausführlich mögliche Haftungsfragen!

Anders als für den Angestellten stellt sich die finanzielle Situation für den Selbstständigen dar: Sämtliche Kosten für Altersvorsorge, Versicherungen, Krankenkasse müssen selbst getragen werden. Für seine Pool-Mitglieder bietet VHPM mit einem Kooperationspartner zu Vorzugskonditionen spezielle Versicherungs- und Vorsorgeinstrumente an.

Zwar sind verschiedene Ausgaben wie PKW, Telefon etc. teilweise absetzbar, jedoch bleiben Steuerlast und Progression auf die Einnahmen mit dem Angestelltenstatus vergleichbar. Dabei liegt das volle Risiko bei dem Selbstständigen. Abhängig von Alter und Familiensituation muss dieser Aspekt der Lebensplanung mit in die Entscheidung einbezogen werden.

Als Selbstständige fallen Interim Manager in der Regel unter die freien Berufe, müssen also kein Gewerbe anmelden. Das Risiko ist hoch, da der Selbstständige das volle Auftrags- und Auslastungsrisiko selbst trägt. Von Vorteil sind die geringen Investitionskosten. Meist ist nicht einmal ein Büro notwendig, Telefon, Handy, Fax, Laptop und Internetanschluss genügen im Allgemeinen.

Interim Manager haben einen arbeits- und reiseintensiven Alltag. Der Einsatzort ist oft nicht der Wohnort, so dass zu den langen Arbeitstagen noch die Reisen hinzukommen. Das beeinflusst Familienleben, Freunde, das soziale Umfeld. Auf der anderen Seite besteht die Möglichkeit, für längere Perioden keinen Auftrag anzunehmen und somit über unbezahlte Freizeit zu verfügen.

Die Aufgabenstellung bringt es mit sich, dass Interim Manager meist Einzelkämpfer sind. Es fehlt der Kollegenkreis, der reguläre Austausch. Zwar ergeben sich bei den Engagements intensive Kontakte, die oft lang über den Einsatz hinaus bleiben, doch das Verhältnis zu den Mitarbeitern im Auftragsunternehmen ist manchmal nicht konfliktfrei; der Externe wird nicht selten als Konkurrent beargwöhnt.

Alleingang versus Vermittler

In der Regel ist es kein Entweder-oder, sondern ein Sowohl-als-auch: Als Einzelkämpfer muss der Interim Manager die gesamte Vermarktung selbst übernehmen. Marketing ist zeit- und kostenintensiv und wird vom Kunden nicht gezahlt. Des Weiteren gilt es, die persönliche Glaubwürdigkeit, Seriosität und Professionalität zu vermitteln. Diese Aufgabe übernimmt der Interim Management-Vermittler, indem er die Aufträge akquiriert, den Namen im Markt etabliert, den potenziellen Kunden prüft und mit einem konkreten Projektvorschlag an den Manager herantritt. Er führt die Honorarverhandlungen und legt die Definition des Projektumfangs fest. Zudem bieten viele Vermittler ein soziales Netzwerk, indem sie regelmäßig mit dem Interim Manager Rücksprache über den Projekt-stand halten und bei fachlichen Fragen Kontakt zwischen ihren Interim Managern herstellen. Klarer Nachteil ist, dass die Vermittler einen bedeutenden Teil des Honorars erhalten und auf Grund der Größe der Pools eher selten mit konkreten Auftragsvorschlägen kommen. Deshalb akquirieren die meisten Interim Manager ihre Aufträge selbst, nur zehn bis 20 Prozent nehmen Interim Management-Vermittler in Anspruch, weitere Aufträge kommen über Personal- und Unternehmensberatungen, die meisten Mandate erfolgen über ein persönliches Netzwerk, Referenzen und auch Annoncen.

Checkliste: Attraktivität von Vermittler-Pools

- Ansehen des Unternehmens

- Erfahrung auf dem Markt

- Anzahl der vermittelten Projekte und Interim Manager

- Kundenlisten, Erfahrung in bestimmten Branchen, Unternehmensgrößen, Aufgabenstellungen

- klare Marketingstrategie

- Netzwerk, Angebote für Pool-Mitglieder

- Größe des Pools versus Anzahl vermittelter Interim Manager

- Honoraraufteilung

- Haftungsfragen

- Kündigungsfristen

- Aufnahmekriterien in den Pool – Fragebogen, Interview, Persönlichkeitstest

- persönlicher Eindruck

Kriterien für die Aufnahme in einen Vermittler-Pool

Interessierte Manager müssen in ihrem Lebenslauf oder Kurzprofil klar auflisten, was sie anbieten und welche Erfahrungen sie mitbringen. Quantifizierbare Erfolge erleichtern es dem Vermittler, die bisherigen Projekte einzuordnen. Hier interessieren nicht mehr Schulzeugnis und überflüssige Details, sondern Projekterfahrungen und spezifisches Know-how. Ausschlaggebend sind die Präsentation der eigenen Fähigkeiten, fachliche Kompetenz, Leistungsmotivation und die Führungspersönlichkeit.

Interim Management-Vermittler treffen eine Vorauswahl anhand der schriftlichen Unterlagen, bevor sie einen Kandidaten in ihren Pool aufnehmen. Meist gibt es noch spezielle Erfassungsbögen, danach folgen persönliche Gespräche, seltener auch psychologische Tests.

Checkliste: Kriterien für den Vermittler-Pool

- Lebenslauf
- Referenzen
- Interim Management-Erfahrung: Wie lange? Welche Erfahrung? etc.
- persönliches Interview: Wer im Interview den Vermittler nicht überzeugt, wird auch den Kunden nicht überzeugen
- gute Präsentationstechnik und persönliche Kommunikationsfähigkeiten
- Bereitschaft, unterhalb des bisherigen Karrierelevels zu arbeiten
- Überzeugung, dass man Dinge umsetzen kann und einen Blick sowohl fürs Detail als auch fürs Wesentliche hat
- Überzeugende Persönlichkeit: Durchsetzungsfähigkeit und Diplomatie
- hohes Energieniveau

Akquise

Der Interim Manager muss ein gutes Netzwerk aufbauen, nicht nur, um Projekte anzubahnen, sondern auch um Hinweise für die nächste Aufgabe zu erhalten. Hierfür sind Mund-zu-Mund-Propaganda, Empfehlungen, Beziehungen und potenzielle Multiplikatoren wichtig.

Großenteils kommen neue Aufträge über persönliche Kontakte; unbedingt sollte die Bewerbung bei Interim Management-Vermittlungen in Betracht gezogen werden. In der Regel haben diese Anbieter allerdings mehr als 1 000 Kandidaten in ihrem Pool und weniger als 50 vermittelte Aufträge jährlich; deshalb lassen sich die meisten Manager in mehrere Pools aufnehmen.

Die Registrierung in Beraternetzwerken oder – für langjährige erfolgreiche Berater – in der Personaldatenbank des BDU kann eine weitere Möglichkeit eröffnen, auch eine Annonce in einer Fachzeitschrift oder überregionalen Tageszeitung, ebenso wie Mailings. Wichtig ist die Pflege von Kontakten und des privaten Netzwerkes. Die aktive Selbstvermarktung ist bei der noch wenig bekannten Dienstleistung Interim Management unausweichlich.

Die Vertragsdauer ist je nach Fall unterschiedlich, meistens von sechs bis zu neun Monaten. Die meisten Interim Manager haben etwa 50 bis 60 Prozent des Jahres bezahlte Aufträge, dabei handelt es sich um meist sehr arbeitsintensive Perioden.

Da häufig das Projektende nicht festgelegt und der Einsatz kurzfristig von beiden Seiten kündbar ist, kann es für den Interim Manager schwierig werden, einen nahtlosen Übergang in einen neuen Auftrag zu finden oder während des laufenden Projektes einen Anschlusseinsatz zu akquirieren.

3. Fortbildung

Die Interim Management-Vermittler Zeitmanager München und Management Angels bieten kostenpflichtige Workshops an, um an Interim Management Interessierten einen Überblick über den Markt, die Auftragsakquisition und den Geschäftsalltag zu geben. Diese an mehreren Orten stattfindenden Seminare bieten einen guten Einstieg, um für sich selbst zu prüfen, ob Interim Management ein geeignetes Arbeitsfeld ist.

Es ist Aufgabe des Interim Managers, sich laufend weiterzubilden und sein Know-how den aktuellen Markt- und Fachfragen entsprechend anzugleichen. Der Eindruck, dass eine einmal erlangte Erfahrungsbasis nur ausgeschöpft und nicht auf den neuesten Stand gebracht wird, sollte vermieden werden. Wichtig ist es, seine Sprachkenntnisse, vor allem in Englisch, zu pflegen und sich im Bereich Projektmanagement weiterzubilden.

VHPM bietet seinen Pool-Mitgliedern über einen Kooperationspartner Weiterbildungsangebote an. Für einen kleinen Kreis, mit dem eng zusammengearbeitet wird, führen einzelne Vermittler auch Fach- und Fortbildungsforen durch.

Eine Ausbildung zum Interim Manager gibt es nicht, es ist klares Training-on-the-Job. In den Niederlanden veranstaltet der Raad voor Interim Management firm (RIM) in Zusammenarbeit mit der Erasmus Graduate School of Business in Rotterdam eine „Master Class in Interim Management". Im Rahmen von vier zweitägigen Modulen werden verschiedene Themen behandelt: die Rolle des Interim Managers in Veränderungsprozessen, Veränderung von Organisationskulturen, Konfliktmanagement etc.

Interim Management – ein Ausblick

Der Jahreswirtschaftsbericht der Bundesregierung vom 29. Januar 2003 prognostiziert eine Wachstumsrate von einem Prozent für das laufende Jahr und 4,6 Millionen Arbeitslose. In den Unternehmen kommt es zu weit greifenden Umstrukturierungen, immer öfter werden Führungskräfte auch der oberen Ebenen freigestellt. Doch wie können in Krisenzeiten Vakanzen überbrückt werden, wenn zuvor der Führungsstab beträchtlich verkleinert wurde und die Situation aus eigenen Ressourcen nicht zu bewältigen ist?

Hier bietet Interim Management die perfekte Managementlösung!

Interim Manager stehen bereit, in Extremsituationen einzuspringen und mit einem breiten Portfolio von Aktivitäten schwierige, auch undankbare Aufgaben zu lösen. Als „Feuerwehr" sind sie kompetent, flexibel, mobil und zeichnen sich durch fundiertes Wissen aus. Sie können ein Unternehmen zu neuen Ufern führen und geben den Mitarbeitern die Chance, an einem modernen Führungsstil zu partizipieren und davon zu profitieren. Interim Manager haben zuvor meist auf einer höheren Ebene gearbeitet und gehen an die verschiedenen Anforderungen mit Know-how, Durchsetzungsvermögen, aber auch der nötigen Gelassenheit heran. Mit Hilfe langjähriger Erfahrung aus einer bestimmten Branche oder einer besonderen Funktion können Interim Manager Branchenwissen oder spezifische Kenntnisse anbieten und implementieren. Fundiertes Know-how hilft, auch unter Druck schnelle Entscheidungen durchzusetzen und interne Widerstände konstruktiv umzusetzen. Die Externen kennen kein Netzwerk und keine Seilschaften im Unternehmen und sind damit frei und neutral, um sachorientiert ihre Maßnahmen zu treffen.

Zahlreiche Kunden betonen immer wieder, wie effizient es ist, zum richtigen Zeitpunkt Top-Führungskräfte von außen situationsgerecht zu engagieren. Klare Projekt- und Zieldefinition wie auch der entsprechende Entscheidungsfreiraum und die Unterstützung seitens des Auftraggebers und der Mitarbeiter sind unabdingbar. Die Weichen für eine effektive Arbeit werden durch die sorgfältige Vorbereitung der Interim Management-Vermittlungen bei der Auswahl und des Einsatzes ihrer Manager gestellt. Diese arbeiten als Selbstständige zeitlich limitiert auf der Basis von Tagessätzen und sind stark erfolgsorientiert, denn gute Referenzen sind ausschlaggebend für ihre weitere berufliche Karriere. Die Kosten-Nutzen-Rechnung spricht für sich: Eine Analyse der englischen Firma Impact Executives im Jahr 2002 ergab, dass Interim Manager gegenüber einem fest angestellten Manager Kostenersparnisse von 42 Prozent im Jahresvergleich ergeben (Gehalt, Nebenkosten, Produktivität etc.) und zu einer erhöhten Wertsteigerung der Tätigkeit von 31 Prozent führen.

Die Interim Management-Vermittlung VHPM plant eine Befragung von 1 000 mittelständischen und großen deutschen Unternehmen, um bei den Entscheidungsträgern die Beurteilung und Nutzung von Interim Management zu ermitteln. Die Studie wird unter Federführung der van Hecke Partners Managers GmbH sowie unter Mitwirkung von Europressedienst GmbH Bonn und Dr. Vera Bloemer im 1. Quartal 2003 durchgeführt. Die Ergebnisse werden unter www.vhpm.de veröffentlicht.

Der derzeitige Arbeitsmarkt verfügt über hochqualifizierte Führungskräfte, die in einer von Restrukturierung geprägten Wirtschaft ihr Wissen einbringen und als Externe im Unternehmen einen Veränderungsprozess initiieren können. Die lebenslange Zugehörigkeit zu einer Firma wird in Zukunft eher die Ausnahme sein. Englische Prognosen besagen, dass in absehbarer Zeit schon mehr als 30 % der Führungspositionen mit „Managern auf Zeit" besetzt sein werden. Interim Management beweist durch positive Wachstumsraten auf dem deutschen Markt, dass dieses Management-Tool mit Interesse aufgenommen wird. Es bietet nicht nur innovative Lösungsperspektiven zur Überbrückung von Vakanzen und Unterstützung in Krisenzeiten, sondern auch für die Unternehmen vielversprechende Aspekte beim Angehen neuer Themenbereiche.

Anhang

1. Mustervertrag zwischen einem Unternehmen und einem Interim Management-Vermittler

Einsatz eines ZMM-Experten bei der Firma X

Sehr geehrter Herr X,

… können wir Ihnen nun folgenden Vorschlag einer Zusammenarbeit auf Dienstvertragsbasis machen. Die No-circumvention-rule (s.u.) gilt auch, wenn kein Vertrag zustande kommt. Bei der persönlichen Vorstellung von Kandidaten kann ZMM außer Reisespesen auch ein Pauschalhonorar von 500 EUR je vorgestellter Person berechnen.

1. Aufgaben, Einsatzdauer, Kündigung, Spesen
   (Tabelle für Klient und Experte inhaltsgleich)

No-circumvention-rule (gilt bereits vorvertraglich)	Jegliche Zusammenarbeit zwischen ZMM-Kunden und von ZMM benannten Experten bedarf, ob direkt oder indirekt, ab sofort und bis 14 Monate nach Ende unserer Zusammenarbeit der Zustimmung von ZMM		
ZMM-Experte(n)		Zeitraum (von/bis ca.)	
Einsatzort	Grundsätzlich vor Ort. Berichterstellung auch in unseren Büros	Einsatztage/Monate	
Rolle im Unternehmen		Kündigungsfrist*	vier Wochen zum Monatsende
* bei Kündigung durch Klient oder Experte akzeptiert die jeweils andere Seite, dass ZMM zur Weiterleitung bis zu vier Arbeitstage braucht			
Wichtigste Aufgaben des Experten	– Abstimmung Vorgehen, Termine und Schwerpunkte mit Kunde und ZMM – (Weitere Detaillierung: optional)		
Kurzbericht Tage/Tätigkeiten	Mit Ablauf jeder Rechnungsperiode berichtet Experte in Tabellenform (Wann/Wo/Was) an Auftraggeber und ZMM über Einsatztage und wichtigste Tätigkeiten.		
Spesen der Experten	Direkt zwischen Klient und Experten zu regeln und abzurechnen. Wenn nicht anders vereinbart, gelten die marktüblichen Eckwerte: Flug Business Class, Bahn I. Klasse, Eigen-Pkw 0,50 EUR/km sowie angemessenes Quartier und steuerliche Tagespauschalen.		
Abrechnung	ZMM und Experte(n) rechnen Honorare, Spesen und jeweils hinzukommende Mehrwertsteuer monatlich ab. Rechnungen sind sofort fällig.		
Rolle ZMM	Als Auftragnehmer begleitet ZMM das Projekt mit Verantwortung für Leistungserstellung und Supervision. Im dafür erforderlichen Umfang darf Experte an ZMM über Aufgaben und Klientendaten berichten.		
Besondere Regelungen			

2. Honorare, Projektbegleitung, weitere Regelungen

Nettotagessatz	–	Absicherung der Zahlung	(Vorschuss o. Ä., nur in kritischen Einsätzen erforderlich)
Monatspauschale Projektsupervision	–	Honorar berechtigt zu Projekterfolgsschulung nach Konzept „P.A.K.T." (Projektrahmen-Analyse-Kommunikation-TimeManagement)	

Herr … und ich freuen uns sehr auf eine Zusammenarbeit mit Ihnen. Ihrer Antwort – bitte spätestens bis … – sehen wir nicht ohne Spannung entgegen.

Mit den besten Grüßen, _____ _____

EINVERSTANDEN: _____ _____ _____

                Ort   Datum   Firmenstempel/ Unterschrift

Anlage: Allgemeine Geschäftsbedingungen (AGB) für den Einsatz von ZMM-Experten

Quelle: ZMM Zeitmanager München GmbH, München, 2003

Beispiel Allgemeine Geschäftsbedingungen für den Einsatz von Interim Managern:

1. Dienstvertrag, Mitwirkung des Auftraggebers, Vertraulichkeit

Von ZMM benannte Experten werden im Regelfall interimistisch tätig. Vertragspartner des Kunden ist somit ZMM, wir schließen unsererseits einen Vertrag mit dem Experten. ZMM erbringt seine Dienstleistungen in Abstimmung mit dem Auftraggeber (= Kunde). Die Verantwortung für die Art der Erbringung liegt bei ZMM. Die Verantwortung für mit dem Kunden abgestimmte Maßnahmen liegt allein beim Kunden. Der Experte steht zum Kunden nicht im Anstellungsverhältnis.

Der Kunde wird ZMM und den Experten nach Kräften unterstützen, um eine erfolgreiche Ausführung des Auftrages zu ermöglichen, und alle zur Ausführung erforderlichen Informationen und Unterlagen zur Verfügung stellen. Der Kunde wird ZMM und dem Experten alle für die Ausführung des Auftrages erforderlichen Bestimmungen (Satzungen der Gesellschaft, Geschäftsordnungen usw.) zur Verfügung stellen. Für Fehler, die auf das Fehlen derartiger Unterlagen zurückzuführen sind, haften weder ZMM noch der Experte.

ZMM und Experte werden Informationen über das Unternehmen des Kunden, die ihnen durch die Zusammenarbeit bekannt werden, auch nach deren Abschluss streng vertraulich behandeln und Dritten nicht ohne Zustimmung des Kunden zugänglich machen.

Anhang

2. Kündigung, Rügepflicht, Zahlungsverzug

Der Kunde kann fristlos kündigen, wenn dem Experten gravierende Fehlleistungen nachgewiesen werden oder wenn er für einen Zeitraum von mehr als einem Monat an der Durchführung des Auftrages aus von ihm oder ZMM zu vertretenden Gründen gehindert ist. Er kann auch die Ablösung des Experten durch eine geeignete Ersatzperson verlangen.

ZMM ist zur fristlosen Kündigung berechtigt, falls auf Grund von Umständen, die außerhalb ihres Einflussbereiches liegen und ihr bei Vertragsabschluss nicht bekannt waren, eine weitere Erbringung der Leistungen bei vernünftiger Betrachtungsweise nicht erwartet werden kann oder gegen die guten Sitten verstoßen würde. Jede Kündigung muss schriftlich erfolgen. Einwendungen gegen die Leistungserbringung von ZMM muss der Kunde unverzüglich erheben.

Aus organisatorischen Gründen ist ZMM berechtigt, Rechnungen bis zu drei Werktagen vor Ablauf einer Rechnungsperiode zu versenden. Bei falsch berechneten Tagen erfolgt der Ausgleich in der Folgeperiode.

Gerät der Kunde in Zahlungsverzug, kann ZMM seine Leistungen ohne Vorankündigung einstellen, ohne damit den Vertrag zu kündigen. Für Tage, in denen ZMM Leistungen bereit hält, aber wegen Zahlungsverzugs nicht erbringt, kann ZMM den halben Tagessatz fakturieren.

3. Umgehungsverbot, Vermittlungshonorar

Direkte oder indirekte Vereinbarungen zwischen dem Kunden und mit ihm verbundenen Personen oder Firmen und den von ZMM benannten Experten, die ohne Zustimmung von ZMM erfolgen, sind bis 24 Monate nach Abschluss der Zusammenarbeit ausgeschlossen.

Die Übernahme von Zeitmanagern in ein direktes Vertragsverhältnis mit dem Klienten ist in besonderen Einzelfällen möglich, jedoch nur mit unserer Zustimmung, nach angemessener interimistischer Mindesteinsatzdauer sowie gegen angemessenes Vermittlungshonorar.

Kommt ein solches Vertragsverhältnis ohne Zustimmung von ZMM dennoch zustande, ist ZMM berechtigt, als Pönale ein Pauschalhonorar in Höhe der Annual Total Compensation (ATC) zu berechnen. Als ATC bezeichnen wir die tatsächlich vereinbarte Gesamtvergütung auf Vollzeitbasis (hilfsweise die durchschnittlichen bisherigen gesamten Jahresbezüge des vermittelten Experten, mindestens jedoch das marktübliche Jahresgehalt zuzüglich Nebenleistungen der besetzten Position bei Vollzeitbeschäftigung).

Wird ZMM in mit den Kunden vereinbarten Ausnahmefällen von vornherein als klassischer Personalvermittler tätig, gilt als Grundlage unserer Honorarforderung wiederum das ATC. Unser Honorar beträgt davon ein Drittel, zuzüglich Spesen.

Die genannten Vermittlungshonorare für nicht interimistische Einsätze werden jeweils mit Abschluss der betreffenden Vereinbarung, spätestens jedoch mit Arbeitsantritt der Experten fällig.

4. Haftung und Gerichtsstand

ZMM haftet dem Kunden für Schäden, soweit diese von ZMM, ihren Mitarbeitern oder beauftragten Personen durch mangelhafte Ausführung des Vertrages vorsätzlich oder grob fahrlässig verursacht wurden. ZMM haftet nicht für Verluste im Betrieb des Kunden, die nach Ansicht des Kunden durch ZMM, den Experten, Mitarbeiter von ZMM oder von ihr beauftragte Dritte fahrlässig verursacht wurden. Für das Erreichen bestimmter Gewinnziele ist ZMM nicht verantwortlich. Eine Haftung von ZMM (aus welchem Rechtsgrund auch immer) ist auf maximal fünf für den jeweiligen Experten vereinbarte Tagessätze begrenzt.

Gerichtsstand ist München.

5. Spesen

Reise- und sonstige Spesen der Experten werden auf Basis einer zu schließenden Vereinbarung direkt zwischen Experten und Klient verrechnet, Spesen von ZMM mit den laufenden Abrechnungen von ZMM.

Zur angemessenen Unterbringung der Experten regen wir die Nutzung firmeneigener Apartments oder Hotelarrangements an.

Quelle: ZMM Zeitmanager München GmbH, München, 2003

2. Mustervertrag zwischen einem Interim Manager und einem Interim Management-Vermittler

Einsatz als ZMM-Experte bei ...

Sehr geehrter Herr ...,

für das genannte Projekt schlagen wir Ihnen folgende Spielregeln der Zusammenarbeit vor, die (mutatis mutandis) auch für andere Projekte gelten sollen.

1. Verfügbarkeit, Honorar und laufende Zusammenarbeit

   - Vor Auftragsbeginn nehmen Sie Klientenkontakte nur nach Abstimmung mit uns auf. Nach einer Vorstellung beim Klienten werden Sie Ihr Leistungsangebot innerhalb angemessener Reaktionsfristen des Klienten nur aus wirklich triftigen Gründen zurückziehen. Die Absprache der kommerziellen Seite der Zusammenarbeit mit dem Klienten (insbesondere: Tagessätze) überlassen Sie bitte uns.

   - Akquisitionsspesen tragen Sie selbst (sofern nicht vom Klienten getragen). Die Abrechnung laufender Projektspesen regeln Sie mit dem Klienten direkt (wozu ZMM ihn verpflichtet, siehe unten).

   - Ihr Projekteinsatz erfolgt in der Regel vollzeitig und vor Ort. Tätigkeiten und Einsatztage stimmen Sie mit dem Klienten und ZMM ab. Ihr Tagessatz für dieses Projekt beträgt ... EUR (plus MwSt.).

   - Sie erhalten bei jedem Projekt einen Auszug unserer Vereinbarung mit dem Klienten, der auch Ihre Verpflichtungen beschreibt (s.u.).

Anhang

2. Aufgaben, Einsatzdauer, Kündigung, Spesen (Tabelle für Klient und Experte inhaltsgleich)

No-circumvention-rule (gilt bereits vorvertraglich)	Jegliche Zusammenarbeit zwischen ZMM-Kunden und von ZMM benannten Experten bedarf, ob direkt oder indirekt, ab sofort und bis 14 Monate nach Ende unserer Zusammenarbeit der Zustimmung von ZMM		
ZMM-Experte(n)		**Zeitraum (von/bis ca.)**	
Einsatzort	Grundsätzlich vor Ort. Berichterstellung auch in unseren Büros	**Einsatztage/Monate**	
Rolle im Unternehmen		**Kündigungsfrist***	Vier Wochen zum Monatsende

* bei Kündigung durch Klienten oder Experten akzeptiert die jeweils andere Seite, dass ZMM zur Weiterleitung bis zu vier Arbeitstage braucht

Wichtigste Aufgaben des Experten	– Abstimmung Vorgehen, Termine und Schwerpunkte mit Kunde und ZMM – (Weitere Detaillierung: optional)
Kurzbericht Tage/Tätigkeiten	Mit Ablauf jeder Rechnungsperiode berichtet Experte in Tabellenform (Wann/Wo/Was) an Auftraggeber und ZMM über Einsatztage und wichtigste Tätigkeiten.
Spesen der Experten	Direkt zwischen Klient und Experten zu regeln und abzurechnen. Wenn nicht anders vereinbart, gelten die marktüblichen Eckwerte: Flug Business Class, Bahn I. Klasse, Eigen-Pkw 0,50 EUR/km sowie angemessenes Quartier und steuerliche Tagespauschalen.
Abrechnung	ZMM und Experte(n) rechnen Honorare, Spesen und jeweils hinzukommende Mehrwertsteuer monatlich ab. Rechnungen sind sofort fällig.
Rolle ZMM	Als Auftragnehmer begleitet ZMM das Projekt mit Verantwortung für Leistungserstellung und Supervision. Im dafür erforderlichen Umfang darf Experte an ZMM über Aufgaben und Klientendaten berichten.
Besondere Regelungen	

3. Zeitraum und Kündigung unserer Zusammenarbeit, sonstige Spielregeln

- Für unsere Zusammenarbeit gelten grundsätzlich gleiche Fristen wie zwischen uns und Klient, d.h. mit Ende des Klientenauftrags endet auch unser Auftrag an Sie. Prinzipiell stehen Sie für die Gesamteinsatzdauer zur Verfügung, auch bei Vertragsverlängerungen. Es gilt der Grundsatz „Client first".

- Auch ein unbefriedigendes Ergebnis der Diagnosephase zwischen ZMM und Klient stellt einen Kündigungsgrund dar. Im Übrigen können wir uns gegenseitig nur aus wichtigem Grund kündigen, z. B. wenn Ihr Einsatz über 20 Kalendertage ausfällt. Ein attraktiveres Angebot als Zeitmanager für ein anderes Projekt gilt nicht als wichtiger Grund.

- Jeweils am drittletzten Arbeitstag einer Rechnungsperiode geben Sie uns die voraussichtlich anfallenden Einsatzzeiten durch (idealerweise auch schon Ihren Kurzbericht Einsatztage/Tätigkeiten).

- Honorar berechnen Sie uns monatlich. Wir zahlen zunächst nur nach Eingang der Klientenzahlung, in voller Höhe jedoch spätestens acht Wochen nach Eingang Ihrer Rechnung. (In der Regel nach zwei bis drei Wochen.)

- Einsätze weiterer Berater, Dienstleister oder Zeitmanager auf dem Projekt, die Sie im Rahmen Ihrer Projektverantwortung veranlassen oder beeinflussen können, sprechen Sie grundsätzlich mit uns ab. Derartige Einsätze werden im Regelfall von ZMM verhandelt und fakturiert.

- Beide Seiten beachten die professionellen Spielregeln seriöser Beratung; insbesondere sind Klientendaten Dritten gegenüber vertraulich zu behandeln.

- Sie erhalten von uns Visitenkarten – bitte im Rahmen unserer Projekte bevorzugt verwenden.

- Früher als 24 Monate nach Abschluss eines Projekts werden Sie mit unseren Klienten keine wie immer geartete Zusammenarbeit an ZMM vorbei eingehen. Einer Festanstellung beim Klienten würde ZMM (nach angemessener interimistischer Einsatzdauer) nicht im Wege stehen, vom Klienten jedoch ein angemessenes Honorar dafür fordern.

- Zusammenarbeit mit Wettbewerbern von ZMM steht Ihnen frei, sofern laufende Projekte nicht beeinträchtigt werden. Sie werden uns aber grob über Zeitraum, Klient und vermittelnde Firma informieren.

- Direktaufträge (ohne Beteiligung anderer Vermittler) können Sie annehmen, werden aber versuchen, ZMM einzuschalten.

- Über die Inhalte dieser Vereinbarung, insbesondere Ihr Honorar, bewahren ZMM und Sie dem Klienten und Dritten gegenüber Stillschweigen. Gerichtsstand ist München.

Für Ihre Bereitschaft zur Mitarbeit schon jetzt besten Dank.

Mit den besten Grüßen, _____ _____

EINVERSTANDEN: _____ _____ _____

Ort　　　　　　Datum　　　　　Firmenstempel/
　　　　　　　　　　　　　　　　Unterschrift

Quelle: ZMM Zeitmanager München GmbH, München, 2002

3. Adressen der deutschsprachigen Interim Management-Vermittlungen

AC Alpha Management GmbH
Dr. Klaus Dreessen, Geschäftsführender Gesellschafter
Wilhelmstraße 64, 65183 Wiesbaden, Tel. 06 11-9 90 30-0, Fax 06 11-9 90 30-20
www.alpha-management.de, info@alpha-management-gmbh.de
- Gründung Interim Management 1979
- Alle Branchen und Funktionen
- Interim Management, Executive Search, Change Management, Unternehmensberatung über Kooperationspartner
- Unternehmen der Otto Wolff Gruppe

Anhang

Adecco Management auf Zeit GmbH
Irina Fachberger, Geschäftsführerin
Branstwiete, 20457 Hamburg, Tel. 0 40-32 33 97 30
www.adecco.de, Info@adecco.de
- Kaufmännischer Bereich
- Leitung Forschung/Entwicklung, Marketing/Vertrieb, Produktion, Personal
- Weitere Aktivitäten des Adecco Konzerns: Zeitarbeit, Outsourcing, Personal-
  vermittlung, Werbung, Callcenter

AIM ad interim management ag
Huldrych Schmid, Geschäftsführender Gesellschafter
Neugasse 68, CH-8005 Zürich, Tel. 0041-1-4 44 28 28, Fax 0041-1-4 44 28 29
www.aim.ch, huldrych.schmjid@aim.ch
- Gründung im Jahr 2000, Fokus deutschsprachige Schweiz
- Obere und mittlere Führungsebene bei mittleren und großen Unternehmen
- Telekom, Informatik, Handel, Versicherungen, Maschinen-, Metallindustrie,
  Kunststoff, Chemie, NPO

Amadeus AG, Fire GmbH, Fire AG, Geschäftsbereich Interim Management
Christian Schreiter, Geschäftsführung
Stresemannallee 30, 60596 Frankfurt, Tel. 0 69-9 68 76-0, Fax 0 69-9 68 76-399
www.fire.de, Info@amadeusag.de
- Gründung 1990
- Kaufmännischer Bereich, Finanz- und Rechnungswesen
- Führungskräfte im Bereich Marketing, Vertrieb, Personal
- Kunden schwerpunktmäßig Töchter internationaler Konzerne
- Weitere Aktivitäten der Amadeus AG: Zeitarbeit, Personalvermittlung,
  IT-Beratung, Executive Search

BIM Boyden Interim Management Bersch, Lange & Partner Gesellschaft für Organisationsentwicklung mbH
Jörg Detlef von Boddien, Geschäftsführung
Ferdinandstraße 6, 61348 Bad Homburg v.d. Höhe, Tel. 0 61 72-67 95 30,
Fax 0 61 72-67 95 31, www.boydeninterim.de, info@boydeninterim.de
- Gründung 1990 als Franchise im Rahmen von Boyden International
- Internationales Netzwerk
- General Management, Marketing/Vertrieb, Finanzen/Controlling, Produktion,
  alle Branchen
- Weitere Aktivitäten der Boyden Gruppe: Executive Search, International
  Recruiting

Brainforce AG
Hans Häusermann, Verwaltungsratspräsident
Hardturmstraße 161, CH-8031 Zürich, Tel. 00 41-1-4 48 41 41, Fax 0041-1-4 48 41 79
Brainforce GmbH, Herzogstraße 39, 80803 München, Tel. 0 89-33 03 86 60,
Fax. 0 89-33 03 86-89
www.brainforce.ch, www.brainforce-ag.com, management@brainforce-ag.ch

- Gründung 1979 in der Schweiz, 2001 der deutschen Interim Management-Tochter
- Abteilungs-, Bereichs-, Profitcenter-, Geschäftsstellen-, Tochterfirmen-, Unternehmensleitung; Besetzung von Verwaltungsrat und Aufsichtsrat
- Branchen: Industrie, Dienstleistung, Telekommunikation und Informatik
- Weitere Aktivitäten: Executive Search, Human Performance Development, Assessment

DBMS – DB Management Support GmbH
Klaus J. Elsner, Ralf Brümmer, Geschäftsführer
Bockenheimer Landstr. 42, 60323 Frankfurt, Tel. 0 69-9 10-3 47 70,
Fax 0 69-9 10-3 39 89, www.dbms-online.de, klaus-j.elsner@db.com
- Gründung 1999
- Kunden mittelständische Unternehmen, Verbände, nationale und internationale Organisationen
- Schwerpunkt Bankbereich
- Tochtergesellschaft der Deutschen Bank AG

DGFP mbH, Deutsche Gesellschaft für Personalführung – Interimsmanagement Team
Christoph Hauke, Geschäftsführer
Niederkasseler Lohweg 16, 40547 Düsseldorf, Tel. 02 11-59 78-220,
Fax 02 11-59 78-2 92 20
www.dgfp.de/gmbh oder www.dgfp-services.de, interimsmanagement@dgfp.de
- Gründung 1995
- Vermittlung von Interimsmanagern im Personal- und Bildungsmanagement
- Tochtergesellschaft der Deutschen Gesellschaft für Personalführung DGFP e.V.
- Andere Aktivitäten: Inhouse-Training, Consulting, Mitarbeiterbefragungen, Benchmarking-Projekte

DIS Interim Management GmbH
Vera Calasan, Business Development Manager
Garmischer Straße 6, 80339 München, Tel. 089-50 03 85-14, Fax 089-50 03 85-20
www.dis.ag, v-calasan@dis-ag.de
- Gründung 2002
- Fokus General Management, Finance, Sales
- Tochter der DIS AG, deren Spektrum Zeitarbeit, Projektmanagement, Personalvermittlung umfasst

dpa Financial People GmbH, Interim Management Company
Britta Onay, Niederlassungsleitung
Benrather Schloßallee 99, 40597 Düsseldorf, Tel. 02 11-7 79 29 00,
Fax 02 11-8 79 32 88, www.dpainfo.de
- Gründung in den Niederlanden 1990, in Deutschland 2000
- Finanz- und Verwaltungsfachleute für Unternehmen, Behörden und Non-Profit-Organisationen
- Börsennotierte Muttergesellschaft in Amsterdam mit dem Schwerpunkt Zeitarbeit

Anhang

Dr. Walter & Partner Management Consulting GmbH
Dr. Günter Walter, Geschäftsführer
Frankfurter Str. 44, 63303 Dreieich, Tel. 0 61 03-69 79 10, Fax 0 61 03-69 79 12
www.interimsmanagement.com, mail@wupnet.com

EIM Executive Interim Management GmbH
Dr. Wolfgang Hueffer, Dietmar Kablitz, Geschäftsführer
Brienner Straße 43, 80333 München, Tel. 0 89/54 58 26-0,
Fax 0 89/54 58 26-58, www.eim.com, www.eim-report.com
- Gründung 1989
- Erste und zweite Führungsebene aller Branchen
- EIM gehört zu einem weltweiten Netzwerk
- Mitglied der Egon Zehnder International – Boer &Croon Group, Executive Search

Ernst & Young Executive Temporary Management GmbH
Tim Filkin, Geschäftsführer
Mittlerer Pfad 15, 70499 Stuttgart, Tel. 07 11-9 88 50, Fax 07 11-9 88-42 01
www.ernst-young.de, etm@ernst-young.de
- Fokus: kaufmännischer Bereich, Sanierungsprojekte, Rechnungswesen, Controlling; 1. und 2. Führungsebene
- Branchen: Fertigung, EDV, Telekommunikation, Sonstige Dienstleistungen
- Kunden meist konzerngebundene und mittelständische Unternehmen
- Tochtergesellschaft der internationalen Wirtschaftsprüfung und Beratungsgruppe Ernst & Young

Euroconsult Interim-Management Wolfgang Thieme
Wolfgang Thieme, Geschäftsführer
Marinesteig 28, 14129 Berlin, Tel. 030-8 03 13 84
www.eu-interim-management.de, eu.interim-management@t-online.de

FaZit GmbH Führungskräfte auf Zeit im Team
Dr. Karl-Heinz Singrin, Geschäftsführer
Auf der Wiese 28, 41564 Kaarst, Tel. 0 21 31-5 16 00 20, Fax 0 21 31-5 16 00 23
www.fazit-interimmanagement.de, www.fazit-gmbh.de, info@fazit-gmbh.de
- Gründung 1994
- Branchen: Maschinen-, Anlagenbau, Automobilzulieferer, Elektro/Elektronik, Chemische Industrie, Kunststoffe, Bau, Produzierender Mittelstand; Führungspositionen 1. und 2. Ebene
- Mittelständische Kunden, Tochter- oder Beteiligungsgesellschaften größerer Unternehmen

Impact Executives GmbH
Andrea Huber
Gutleutstr. 82, 60329 Frankfurt, Tel. 044-20 73 14-20 04, Fax 044-20 73 14-20 20
www.impactexecutives.com, Germany@impactexecutives.com
- 1990 als Teil der Unternehmensberatung PA Consulting gegründet, 1998 in Impact Executives umbenannt, 2000 von Harvey Nash Group erworben
- Kunden große, international tätige Unternehmen, mittelständische Branchen

- Vorstands- und Geschäftsführungsebene, Middlemanagement, Projektmanagement
- Mitglied der Harvey Nash Gruppe, Personalberatung

IMS International Management Services Unternehmensberatung GmbH
Bernward E. Rüpprich, Geschäftsführender Gesellschafter
Ulmenweg 4, 82194 Groebenzell, Tel. 0 89-46 23 22 22
b.ruepprich@ims-interim.de
- Gründung 1995
- Produktion, technische Dienstleistungen
- Finanzen, Vertrieb, Personal, Logistik
- Kooperation mit DBM von Rundstedt Unternehmensberatung für Personalfragen; weitere Kooperation mit DBMS

Institut für Wirtschaftsberatung Karl A. Niggemann & Partner GmbH
Lindenstraße 18, 58540 Meinerzhagen, Tel. 0 23 54-92 37-0/30,
Fax 0 23 54-92 37-30, www.ifwniggemann.de, Info@ifwniggemann.de
- Gründung 1978
- Andere Aktivitäten: Kauf und Verkauf von Unternehmen und Unternehmensbeteiligungen, Eigenkapitalakquisition für Unternehmen, Beratung von Familienunternehmen in Fragen des Finanzmanagements

Interheads AG, Interim Management, Heads! AG & Co.
Geschäftsführung: Dr. Alexander Elsner, Christoph Zeiss, Markus Plischke
Karlsplatz 5, 80335 München, Tel. 0 89- 51 55 59-0, Fax 0 89- 51 55 59-22
www.headsgroup.com, Inter@headsgroup.com
- Gründung 2001
- Branchen: Industrie, Finanzdienstleistung, Handel/Consumer, Telekom/IT, Sonstige Dienstleistungen, Öffentlich-rechtliche Institutionen
- Weitere Aktivitäten der Headsgroup Personalberatung

Interpares GmbH
Dominik Hälg, Geschäftsführer
Molkenstraße 15, CH-8026 Zürich, Tel. 0041-1-2 98 10 90, Fax 0041-1-2 98 10 95
www.interpares.c, info@interpares.ch

KCM Knaier Consult & Management
Hubertus Knaier, Geschäftsführung
Perlacher Straße 60, 82031 Grünwald, Tel. 089-64 90 14-30, Fax 089-64 90 14-34
www.kcm-interim.de, hubertus.knaier@kcm-interim.com
- Gründung 1998
- Start-ups, Technologieunternehmen, Mittelstand, Große Unternehmen; alle Branchen
- Verbunden mit HMT, Deal Origination, MBI/MBO, M&A, Venture Capital

Kirschbaum Executive Services AG
Dr. Jürgen G. Seitz, Volker F. Kirschbaum, Vorstand
Bavariaring 10, 80336 München, Tel. 089-51 61 65-0/90, Fax 089-51 61 65-90
www.kesag.de, exe@kesag.de

Anhang

- Gründung 1984
- Fokus: IT, Vertrieb, Personal
- Weitere Aktivitäten: Coaching

Ludwig Heuse GmbH interim-management.de
Ludwig Heuse, Geschäftsführer
Frankfurter Straße 13a, 61476 Kronberg i. Ts., Tel. 0 61 73-92 41-0,
Fax 0 61 73-92 41-11
www.interim-management.de, heusegmbh@interim-management.de

- Gründung 1993
- Branchen: Investitionsgüter, Fahzeugzulieferer, Telekommunikation, Öffentlicher Dienst, sonstige Dienstleister, Handel, Logistik
- Geschäftsführungs-, Vorstandsebene, Zweite Ebene, Projektleitungen

Logika AG
Gerhard Steinbach, Vorstandsvorsitzender
Gustav-Heinemann-Ring 135, 81739 München, Tel. 089-67 90 07-0,
Fax 089-67 90 07-31, www.logika.de

- Gründung 1982
- Weitere Aktivitäten: IT Solutions, Beratung

Management Angels GmbH
Christoph Pech, Thorsten Becker, Geschäftsführer
Alte Rabenstraße 22, 20148 Hamburg, Tel. 040-44 19 55-0, Fax 040-44 19 55-55
www. managementangels.de, info@managementangels.de

- Gründung 2000
- DAX-Unternehmen, Beteiligungen, Mittelstand
- Marketing/PR, IT, Projektmanagement, Controlling, Finanzen, Human Resources, Key Account Management

Page Interim Deutschland
Harald Heil, Geschäftsführer
Nibelungenplatz 3, 60318 Frankfurt, Tel. 069-5 07 79-0, Fax 069-5 07 79-67 99
www.pageinterim.de

- Gründung 2002
- Groß- und mittelständische Betriebe; Finanz- und Rechnungswesen, Controlling, Banking
- Geschäftsführung, Finanzvorstand, Projektleiter, Fachexperte
- Tochter von Michael Page, internationale Personalberatung fokussiert auf den kaufmännischen Bereich

Protem GmbH
Norbert Eisenberg, Geschäftsführender Partner
Residenzstraße 3, 80333 München, Tel. 089-21 29 96-0, Fax 089-29 29 28
www.heidrick.com, www.proteminternational.com, germany_protem@h-s.com

- Gründung 1993 als Mülder & Partner Interim Management, die 1998 mit Heidrick & Struggles fusionierten
- Großunternehmen und Mittelstand, alle Branchen; Geschäftsführung und Leitungsfunktionen

- Internationales Netzwerk
- Tochtergesellschaft von Heidrick & Struggles, Executive Search

Projektpartner Management GmbH
Michael Buchert
Friedrich-König-Straße 3-5, 68167 Mannheim, Tel. 06 21-1 78 90 60,
Fax 06 21-17 89 06 18
www.projektpartner.de, Office@projektpartner.de
- Projektmanagement auf Zeit
- Projektmanager, Projektcontroller, Projektcoach
- Weitere Aktivitäten: Projektmanagement-Beratung, -Seminare, Projektcoaching

Reschke Group Rent a Professional
Diethelm Frederic Reschke
6 lacets St Léon, 9800 Principaute de Monaco, Tel. 0041-8 48 84 15 88,
Fax 0041-860-79 40 04 49 95
www.reschke-group.com, reschke@reschke-group.com
- Gründung 1965
- Entwicklung eines Programms Business Simulator – Effizient-Moderator-Simulator –, die Absolvierung des Kurses ist Voraussetzung für alle eingesetzten Interim Manager

TMP Worldwide Interim Management GmbH
Christof Meier-Preschany, Geschäftsführer
Taunusanlage 21, 60325 Frankfurt, Tel. 069-5 80 96-117
www.tmp.de, www.eresourcing.tmp.com, www.interimsmanagement.de,
interim-management.contact@tmp.com
- Gründung 2001; Interim Management, sonst bei TMP Contracting, Executive Contracting bezeichnet
- Mittelständische Unternehmen, Internationale Konzerne aller Funktionen und Branchen
- Top Management bis zum Sparten-Bereichsleiter
- TMP ist international tätig in den Bereichen Rekrutierung, Personalwesen, Executive Search

TAC Turn Around Consulting Gesellschaft für Sanierung und Management mbH
Dr. Günther Lubos
Nymphenburger Straße 20b, 80335 München, Tel. 0 89-5 23 02-101,
Fax 0 89-5 23 02-150, www.tac-online.de
- gehört zur Unternehmensberatung Dr. Wieselhuber & Partner GmbH

TGMC Dr. Thieme Gleue Management Consulting
Dr. Jan Thieme, Jürgen C.K. Gleue, Partner
Hudtwalckerstr. 11, 22299 Hamburg, Tel. 0 40-46 86 54-0, Fax 0 40-46 86 54 54
www.tgmc.de, info@tgmc.de
- Fokus: Direktmarketing, Callcenter, Versandhandel, Finanzdienstleistung
- Weitere Aktivitäten: Personalberatung Direktmarketing, Gehalts- und Karrierevergleich, Career Change

Anhang

Top Fifty AG Interimsmanagement der Spitzenklasse
Gründer und Verwaltungsrat Carlo van Ah, Dr. Hanspeter Brändli, Peter Arbenz, Dr. Jakob Roost
Bahnhofstraße 28, CH-6300 Zug, Tel. 0041-41-7 29 80 47, Fax 0041-41-7 29 80 41
Top Fifty Interim Management AG, Pettenkofer Str. 37, 80336 München, Tel. 089-2 06 03 00, Info@top50.ch, www.top50.ch
- Gründung 1996 in der Schweiz, 2001 Gründung des deutschen Büros
- Direktion und Geschäftsführung für die Top-50-Aktiengesellschaften

Treuenfels GmbH
H. Treuenfels, Geschäftsführer
Stadthausbrücke 3, 20355 Hamburg, Tel. 0 40-37 64 44 44, Fax 040-37 64 46 10
hamburg@treuenfels-personal.de, www.treuenfels-personal.de
- Gründung 1999
- Spezialisierung auf das Finanz- und Rechnungswesen und Controlling
- Weitere Aktivitäten: Personaldienstleistungen, Beteiligung, Management, Beratung

VHPM, Van Hecke Partners Managers GmbH
Alexander Adelmund, Managing Director
Zamdorfer Str. 100, 81677 München, Tel. 0 89-52 30 43-10
www.vhpm.com, introduction@vhpm.de
- Gründung 2001
- Andere Aktivitäten: Management Consulting, Project Management, Dienstleistungen im Personalwesen
- Branchen: IT, Telecom & Utilities, Trade & Industry, Media & Publishers, Financial Services, Automotive Industry, Chemical Industry, Pharmaceutical & Healthcare Products
- Tochtergesellschaft der niederländischen VHPM, die seit 1979 Interim Management anbietet

Wagner-Consulting: Management auf Zeit, Interimmanagement
R. Wagner, Geschäftsführung
Rankenweg 6, 97456 Hambach, Tel. 0 97 25-70 87 30, Fax 0 97 25-70 87 31
www.wagner-consult.de, rwaco@t-online.de
- Unternehmensberatung, Personalberatung, Personalentwicklung, Personaltraining, URA Rating

ZAV, Zentralstelle für Arbeitsvermittlung, Managementvermittlung Bundesanstalt für Arbeit
Dr. Kay Kessler, Consultant
Villemombler Straße 76, 53123 Bonn, Tel. 02 28-7 13-0, Fax 02 28-7 13-11 88
managementvermittlung-national@t-online.de, kay.kessler@arbeitsamt.de
- Vermittlung von Interim Managern direkt an Unternehmen, aber auch über Interim Management-Vermittler
- Weitere Aktivitäten: Vermittlung von Festanstellungen

ZMM Zeitmanager München GmbH
Dr. Anselm Görres, Geschäftsführer
Brienner Str. 44, 80333 München, Tel. 0 89-5 42 6 44-0, Fax 0 89-54 26 44-99
E-Mail: zmm@zmm.de, www.zmm.de
- Gründung 1996
- Alle Branchen und Funktionen
- Offene Kommunikation und Information über die Webseite
- Vermittlung von Interim Managern und Beratern auf Zeit, Rent-a-Manager, Rent-a-Consultant

4. Beispiele für Interim Management-Partnerschaften

ad tempus consulting Gesellschaft für Unternehmensmanagement mbH
Andreas Pulver
Goetheplatz 5, 60313 Frankfurt am Main, Tel. 0 69-2 99 86 84 66,
Fax 0 69-2 99 86 84 64, apulver@ad-tempus.com

CXO Network GmbH
Klaus Prerauer
Pettenkofer Str. 4, 80336 München, Tel. 0 89-54 50 43 27, Fax 089-54 50 43 29,
www.cxo-network.com; info@cxo-network.com
- Interim Management und M&A-Beratung

DDC Dr. Dingler Consulting GmbH
Dr. Rolf Dingler
Burgundenstraße 6, 67278 Bockenheim/Weinstraße, Tel. 0 63 59-49 22,
Fax 0 63 59-4 01 55, Dingler@dachmarke.com, www.dachmarke.com
- Gründung 1993
- Interim Management im Marketing, andere Aktivitäten: Markenberatung

Ernst L. Meyer Interims-Management
Ernst L. Meyer
Prinz-Albrecht-Ring 10, 30657 Hannover, Tel. 05 11-67 66 88-80,
Fax 05 11-67 66 88-88
kontakt@meyer-interimsmanagement.de, www.meyer-interimsmanagement.de
- Turnaround Situationen: Sanierung, Restrukturierung, Integrationsmanagement; Erfolgsabhängige Bezahlungskomponente
- Branchen: Bauindustrie, Anlagenbau, Ausbaugewerbe, Maschinenbau, Ernährungswirtschaft, Druckindustrie, Großhandel, IT
- Kooperation mit HT Finanz- und Beteiligungsmanagement KgaA, Mergers & Acquisitions

Lickert, Bahr + Partner Consulting GmbH
Manfred Bahr
Theodor-Körner-Str. 39, 74613 Öhringen, Tel. 0 79 41-6 57 66,
Fax 0 79 41-6 57 68, Manfred_bahr@t-online.de
- Change Management, Interim Management, Projektmanagement, Internationale Geschäftsentwicklung, Marketing Services

Anhang

Merlin Enterprises Management & Consulting GmbH
Horst Richter
Gaußstr. 39, 66123 Saarbrücken, Tel. 06 81-9 38 89 19, Fax 06 81-37 26 18,
www.merlin-ima.com, info@merlin-ima.com

M.I.C. Consulting
Thomas Krumbein
Riederbergstraße 92, 65195 Wiesbaden, Tel. 06 11-1 88 53 39,
Fax 06 11-1 88 53 40, www.mic-consulting.de, Kontakt@mic-consulting.de
- Kleine und mittelständisch strukturierte Unternehmen oder Unternehmens-bereiche
- Produktion, Handel von technischen Produkten und Dienstleistungen
- Training, technischer Vertrieb, Projektmanagement, Innovation, Persönlichkeitsentwicklung

The Management Support
Dr. Ehret
Am Sonnenhof 27, 47800 Krefeld, Tel. 0 21 51-50 15 03, Fax 0 21 51-59 91 07
www.the-management-support.de, Anfragen@the-management-support.de
- Training, Coaching, Besetzung von Beiräten

5. Weitere Adressen zum Interim Management

BAND Business Angels Netzwerk Deutschland e.V.
Michael Lohmann, Projekt Manager
Semperstraße 51, 45138 Essen, Tel. 02 01-8 94 15-60, Fax 02 01-8 94 15-10
www.business-angels.de, band@business-angels.de

ASEP Austrian Senior Experts Pool
Dr. Dieter Chiari, Vorsitzender des Vorstandes, Bundesgeschäftsstelle
Haus der Industrie, Schwarzenbergplatz 4, 1031 Wien, Tel. 01-7 13 13 18,
Fax 01-7 13 13 18-18, www.asep.at, Asep@iv-net.at
- Pool von mehr als 250 ehemaligen Führungskräften, die ihr Wissen Reform-, Entwicklungs-, Schwellenländern und Interessenten in Österreich anbieten
- Senior Experts erhalten Spesen, aber kein finanzielles Entgelt

Flexmanager
www.flexmanager.com, info@flexmanager.nl
- Internetplattform für Interim Management-Angebote und -Nachfragen
- Internet-Sites für Großbritannien, Niederlande, Belgien, Österreich

Interim Management Consulting Krefeld, Executive Scout
E. Pabst
Hinter Sollbrüggen 54, 47800 Krefeld, Tel. 0 21 51-59 97 01,
Fax 0 69-7 91 23 03 75
www.pabstconsulting.de, www.executive-scout.de, Post@interim-manager.de
- Unterstützung bei der Suche eines Interim Management-Vermittlers
- Unterstützung bei der Auswahl von Executive Search-Beratern

IMA Interim Management Association (vormals ATIES – Association of Temporary & Interim Executive Services)
Ian Daniell, Chairman
36-38 Mortimer Street, London W1W7RG,
Tel. 0 20-74 62 32 96, www.interimmanagement.uk.com
■ Vereinigung für englische Interim Management-Vermittler, 30 Mitglieder

IIM The Institute of Interim Management (vormals IOIM)
Secretary: Louis Sallons
19 Foxcote, Finchampstead, Wokingham Berkshire RG 40 3 PG
Tel. 00 44-87 02 42 08 14
■ Netzwerk britischer Interim Manager, 200 Mitglieder

IM-Register
Wim de Braak, Vorsitzender
Beneluxlaan 909, Postbus 3140, 3502 GC Utrecht, Tel. 00 31-30-2 84 45 33,
Fax 00 31-30-2 84 45 01, Imregister@wispa.nl, www.imregister.nl
■ Komitee zur Überwachung von Standards
■ Mitglieder sind Interim Manager und Interim Management-Vermittler in den Niederlanden, ca. 500 Mitglieder

ORM Nederlands Orde van Register Managers
Jan Pasmann, Vorsitzender
Gebouw „Gildenstein", Ambachtsstraat 13a, Postbus 1058, 3860 BB Nijkerk,
Tel. 0031-33-2 47 34 09, Fax 0031-33-2 46 04 70, www.registermanager.nl,
secretaariat@orm-im.org
■ Organisation für Interim Manager in den Niederlanden, 275 Mitglieder

RIM, Raad voor Interim Management
Willem van Hassel, Vorsitzender
Beneluxaan 909, Postbus 3140, 3502 GC Utrecht, Tel. 00 31-30-2 84 45 32,
Fax 00 31-30-2 84 45 01, www.rim.nl, rim@wispa.nl
■ Organisation für Interim Management-Vermittler in den Niederlanden, 18 Mitglieder

Russam GMS Ltd.
Charles M. Russam, Chairman
48 High Street North Dunstable, Bedfordshire LUG 1 LA, Tel. 00 44-15 82-66 69 70,
Fax 00 44-15 82-47 17 57, www-russam-gms.co.nk, ng@russam-gms.co.nk

SES, Senior Expert Service
Buschstraße 2; 53113 Bonn, Postfach 22 62; 53012 Bonn,
Tel. 02 28-26 09 00, Fax 02 28-2 60 90 77
ses@ses-bonn.de, www.ses-bonn.de
■ Senior Experten, die aus dem Berufsleben ausgeschieden sind, praxisorientierte Lösung technischer und betrieblicher Probleme auf ehrenamtlicher Basis
■ Kleine und mittlere Firmen, Institutionen und Organisationen, meist Förderung der wirtschaftlichen Entwicklung in Schwellenländern, aber auch zehn Prozent der Einsätze in Deutschland

Anmerkungen

1 Vgl. Christian Mestwerdt, Management-auf-Zeit in kleinen und mittleren Unternehmen (KMU). Unveröffentl. Dissertation St. Gallen, Bamberg 1998, S. 51.

2 Dennis Russell, Interim Management. The New Career Choice for Senior Managers, Oxford 1998, S. 52.

3 Vgl. Susanne Ribbert, Interim-Management durch externe Führungskräfte. Eine Analyse der Einsatzgebiete, Erfolgsdeterminanten und Gestaltungsmöglichkeiten. Bergisch Gladbach, Köln, 1995, S. 8.

4 Interview mit Jacques Reijniers, Autor des Buches „Interim Management" bei: hét vak', Assen, 3. Aufl. 2002.

5 Die Jahresmitgliedschaft beträgt 730 EUR sowie 185 EUR Aufnahmegebühr.

6 Die Eintragung in das Register kostet 210 EUR.

7 Andere Quellen wie die Studie von Executives Online im Jahr 2000 geben für den Bereich Interim Management in Großbritannien ein Marktvolumen an, das von 1995 bis 2000 von 120 Mio. EUR auf 300 Mio. EUR gewachsen ist, entsprechend einer jährlichen Wachstumsrate von 20 Prozent. Bis 2005 wird mit einem analogen Wachstum auf 620 Mio. EUR gerechnet.

8 In der Befragung von Impact Executives „Interim Manager Survey 2001/2002" gaben von den 1 500 befragten Interim Managern an, einen oder mehrere Aufträge für das Jahr 2001 erhalten zu haben: 33 Prozent – ein Auftrag, 30 Prozent – zwei Aufträge, 20 Prozent – drei Aufträge, fünf Prozent – vier Aufträge, fünf Prozent – mehr als vier Aufträge, sieben Prozent – keine Aufträge.

9 Executives Online schätzt im Sambrook Report 2000, dass es etwa 2 400 Interim Manager gibt, die permanent aktiv sind. Das Gehaltsniveau, auf dem die Interim Manager arbeiten, entspricht mindestens etwa 80 000 EUR pro Jahr.

10 Vgl. The Russam GMS, „Snapshot" Interim Manager Surrey; vom 30. Juni 2002. Impact Executives gibt im Interim Manager Survey 2001/2002 auf der Basis von 1 500 registrierten Interim Managern einen durchschnittlichen Tagessatz für ihre Interim Manager von 1 343 EUR an.

11 Vgl. Impact Executives, Interim Manager Survey 2001/2002, S. 3.

12 Vgl. Barton International Ltd., Surrey on the Interim Management Market in the UK Today, Yelverton 2003, S. 4. Diese Untersuchung ermittelte ebenso, dass 37 Prozent der befragten britischen Firmen Unternehmensberater, aber nur 22 Prozent bisher Interim Manager eingesetzt haben.

13 Vermittler empfehlen den Interim Managern aus Haftungsgründen die Gründung einer eigenen Limited Company. Darüber hinaus wird eine Professional Indemnity Insurance empfohlen, um Ansprüche aus Fahrlässigkeit, Missverhalten, Gesundheits- und Sicherheitsrisiken abzudecken.

14 Um sich als Mitglied zu qualifizieren, muss der Antragsteller eine anerkannte Qualifizierung und mindestens drei Jahre Erfahrung als Direktor vorweisen oder in einer Führungsposition gearbeitet haben. Ohne Nachweis eines qualifizierten Berufsabschlusses erhöht sich die verlangte Führungserfahrung auf sechs Jahre. Für individuelle Mitgliedschaften wird eine Jahresgebühr von etwa 280 EUR erhoben.

15 Vgl. Joachim Staudte, Vizepräsident des Bundesverbandes deutscher Unterneh-

mensberater, Vortrag beim Interim Management-Kongress in Frankfurt/Main am 21. Juni 2002.

16 Charles Handy, Ohne Gewähr. Abschied von der Sicherheit – mit dem Risiko leben können, München 1999.

17 Susanne Ribbert, Interim-Management, S. 2.

18 Vgl. Dr. Wieselhuber & Partner, Unternehmenskrisen im Mittelstand, München, April 2002, S. 11

19 Interview mit Jörg von Boddien, Boyden Interim Management.

20 Eine Stichprobe bei 637 Unternehmen von Mugler/Lampe, zitiert in: Mestwerdt, Management-auf-Zeit, S. 25.

21 Vgl. ebd., S. 85.

22 Vgl. Michael Porter, Wettbewerbsstrategie, Frankfurt/Main 1999, S. 25.

23 Vgl. Vom Manager im Familienunternehmen zum Unternehmer, in: Imcor 1977, zitiert in: David Clutterbuck/Des Dearlove: The Interim Manager – A New Career Model for the Experienced Manager, London 1999, S. 76.

24 Frankfurter Allgemeine Zeitung vom 3. Juni 2002, S. 125.

25 Vgl. BKV Bundesverband deutscher Kapitalbeteiligungsgesellschaften, Jahrbuch 2001 und Jahresstatistik 2002, Berlin 2001 und 2002.

26 Vgl. The GMS Guide to Interim Management 1997, zitiert nach: Clutterbuck/Dearlove, The Interim Manager, S. 76.

27 Vgl. die Zahl für Boyden Interim Management: 25 Prozent 35-45 Jahre, 50 Prozent 50-60 Jahre, 15 Prozent 60-65 Jahre und zehn Prozent unter 35 oder über 65 Jahre.

28 Zitiert in: EIM Report, 3/2000, S. 19.

29 Vgl. Bernd Hummel: Arbeitslos in Freiburg, Freiburg 1993, S. 51, zitiert in: Mestwerdt, Management-auf-Zeit, S. 60.

30 Vgl. Ribbert, Interim-Management, S. 139.

31 Vgl. ebd., S. 160.

32 Kommission der Europäischen Gemeinschaften: Richtlinie des Europäischen Parlaments und des Rates über die Arbeitsbedingungen von Leiharbeitnehmern. Vorlage der Kommission gemäß Artikel 250 Absatz 2 EG-Vertrag. Brüssel 28. 11. 2002, KOM (2002) 701 endgültig, 2002/0072 (COD).

33 Ebd.

34 Ebd., Kapitel I, Artikel 1.1.

35 Vgl. zum Beispiel Management Angels in Hamburg: Vermittlung Erstgespräch 250 EUR, Pauschale bei Vertragsunterzeichnung 2 500 EUR sowie den üblichen Anteil am Tageshonorar.

36 Beispiele sind Tochtergesellschaften von Banken oder Industriefirmen, für die Seniors des eigenen Mutterhauses für interne Einsätze geplant, dann aber oftmals auch für externe Kundengruppen. Berufsvereinigungen für spezielle Funktionen sind zum Beispiel DGFP Interim Management oder die DB Management Support GmbH.

37 Ausnahme: ZMM nimmt eine Bearbeitungs- und Registrierungsgebühr von 100 EUR.

38 Vgl. Vera Bloemer, „… und verlässt unser Haus auf eigenen Wunsch", Regensburg 2002.

Literaturhinweise

Bloemer, Vera: „... und verlässt unser Haus auf eigenen Wunsch". Regensburg

Bloemer, Vera: Chance zur Krisenbewältigung: Interim Management, in: HR Services 4/2002. Barton International Ltd.; Surrey on the Interim Management Market in the UK Today, Yelverton.

Branchen Medien Verlag (Hrsg.): Consulting Guide, Profile und Daten deutscher Unternehmensberater. Merching

BVK Bundesverband deutscher Kapitalbeteiligungsgesellschaften: Jahrbuch 2001 und Jahresstatistik 2002. Berlin

Clutterbuck, David/Dearlove, Des: The Interim Manager – A New Career Model for the Experienced Manager. London

Frank, Kirsten: Interim Management. Rent a head. Frankfurt am Main

Golzen, Godfrey: Interim Management. A new dimension in Corporate Performance. London

Handelshochschule Leipzig/Management Angels GmbH: Interimsmanagement Report 2001. Leipzig

Handy, Charles: Ohne Gewähr. Abschied von der Sicherheit – mit dem Risiko leben können. München

Impact Executives: Interim Manager Survey 2001/2002. London

Kommission der Europäischen Gemeinschaften: Richtlinie des Europäischen Parlaments und des Rates über die Arbeitsbedingungen von Leiharbeitnehmern. Vorlage der Kommission gemäß Artikel 250 Absatz 2 EG-Vertrag. Brüssel 28.11.2002, KOM (2002) 701 endgültig, 2002/0072 (COD)

Management Angels GmbH (Hrsg.): Interimsmanagement. Für die Wirtschaft im Wandel. Göttingen, Hamburg

Mestwerdt, Christian: Management-auf-Zeit in kleinen und mittleren Unternehmen (KMU). Unveröffentlichte Dissertation St. Gallen. Bamberg

Porter, Michael: Wettbewerbsstrategie. Frankfurt am Main

Reijniers, Jacques: Interim Management. Assen

Ribbert, Susanne: Interim-Management durch externe Führungskräfte: eine Analyse der Einsatzgebiete, Erfolgsdeterminanten und Gestaltungsmöglichkeiten. Bergisch Gladbach, Köln

Russam GMS: Quarterly Snapshots on the UK Interim Management Market 2000, 2001, 2002. Dunstable

Russam GMS: Annual Reports on the UK Interim Management Market 1999, 2000. Dunstable

Russell, Dennis: Interim Management. The new career choice for senior managers, Oxford

Sambrook Report: The 2001 Sambrook Report on the UK Interim Management Market, im Auftrag von Executives Online. London
Dr. Wieselhuber & Partner: Unternehmenskrisen im Mittelstand. München
Wippermann, Peter/Horx, Matthias: Trendbüro. Was ist Trendforschung? München

Vom Manager in Familienunternehmen zum Unternehmer, in: Frankfurter Allgemeine Zeitung vom 3. Juni 2002, S. 125

Persönliche Interviews mit Interim Management-Vermittlern

AC Alpha, Dr. Klaus Dreesen
Amadeus, Fire, Christian Schreiter
Boyden, Detlev von Boddien
DBMS, Klaus Elsner, Ralf Brümmer
Fazit GmbH, Dr. Karl-Heinz Singrin
EIM, Dietmar Kablitz
Ernst L. Meyer Interimmanagement, Ernst Meyer
Ernst & Young, Tim Viltin
Ludwig Heuse GmbH, Ludwig Heuse
KCM, Hubertus Knaier
Management Angels, Christoph Pech
Protem, Norbert Eisenberg
TMP, Christoph Meyer-Preschany
VHPM, Alexander Adelmund
ZMM, Anselm Görres

Telefonische Interviews

AIM, Huldrych Schmid
CXO, Klaus Prerauer
DGFP Interimmanagement Team, Manfred Ohlinger
Euroconsult, Berlin, Manfred Thieme
Euroscout, Manfred Pabst
Interheads, Heads!, Dr. Alexander Elsner
Impact/Harvey Nash, London, Andrea Huber
Reschke Group, Diethelm Reschke
Jacques Reijniers, Niederlande
Treuenfels GmbH, Susanne Thorner

Schriftliche Befragung von 20 weiteren Vermittlern und Partnerschaften sowie britischer und niederländischer Verbände.

Stichwortverzeichnis